# 二宮尊徳一日一言

心を耕し、生を拓く

寺田一清＝編

致知出版社

# はじめに

昭和四十年十二月十三日のことです。わたくしははじめて、大阪南千里にお住まいの、先師森信三先生のお宅をお訪ねいたしました。先生は端正な和服姿で初めて訪問の若僧の私を書斎にお通しくださり、対坐してお話を伺うことができました。その時の対話の内容は記憶にございませんが、その時、拝受の一冊は『報徳要典』でした。その扉に日付と共に揮毫いただいた言葉は、

これ正に古今に通ずる
永遠の真理なり
昭和四十年　十二月十三日　不尽

であります。それ以来、『報徳要典』は、わたくしの座右の書となりました。

『報徳要典』とは、二宮尊徳先生に関する主要な文献すなわち「報徳記」「報徳論」

「二宮翁夜話」「二宮翁道歌解」「報徳分度論」を一冊に集録したもので、これぞ正に、宝典の名に恥じない内容そのものです。その時以来、凡愚の胸中に種子蒔かれた尊徳先生への憧憬と崇敬の念は、片時も忘れることはございませんでした。そうしてはや四十年余を経て、わたくしが、忝《かたじけな》くも、『二宮尊徳一日一言』と題する本書の編集に一意専心、担当させていただけるとは、予想もしないことで、満八十歳の誕生日をすぎて、無上の幸慶と拝受する次第です。

かえりみれば、先師森信三先生は、二十一世紀に一歩手前の平成四年の一九九二年、九十七歳をもって長逝せられましたが、すでに予測せられたのは「日本は二〇二五年に立ち上るであろう。しかしその再起再生の原動力になるのは、二宮尊徳の教えに基づくほかかない」と、明言せられました。また承るところ、英国のサッチャー首相が、日本訪問の際、献上したのは「尊徳全集」であったと仄聞《そくぶん》しましたし、大患寸前の英国を軌道修正した潜在力もまた、大いに尊徳の「分度論」に由《よ》るともほのかに聞いております。

去る三月末、致知出版社が、第二回「藤樹賞」受賞のあと、藤尾秀昭社長より、この一冊結実のご命をいただいたことは、奇しき契縁にして、日本的哲学の再認識につながり、ひいては日本再興のささやかな機縁に一石を投ずる思いすらいたします。

本書は、尊徳翁の語録の集録のみならず、尊徳翁の事蹟ならびに人物像をよりよく伺い知っていただくために、「報徳記」や「逸話篇」からも抽出して併載したことをご諒承いただきたいと思います。

平成十九年七月七日

寺田一清

装　幀――川上　成夫
編集協力――柏木　孝之
装画＝二宮尊徳翁肖像画
（西松秋畝筆・小田原市尊徳記念館所蔵）

# 二宮尊徳一日一言

寺田一清編

# 二宮尊徳

桑田春風

一　あしたに起きて　山に柴刈《しばか》り、
草鞋《わらじ》つくりて、夜は更《ふ》くるまで、
路ゆくひまも、書《ふみ》を放たず、
あわれ、いじらし、この子、誰が子
ぞ。

二　勤倹力行《きんけんりょくこう》、農理をさとり、
世に報徳の、教をつたえ、
荒地《あれち》拓きて、民を救いし、
功績《いさお》のあとぞ、二の宮神社。

（幼年唱歌）

# 1　月

二宮尊徳の肖像（報徳博物館所蔵）

# 1日 報徳を忘るべからず

父母ノ根元ハ天地ノ令命《レイメイ》ニ在リ
身体ノ根元ハ父母ノ生育ニ在リ
子孫ノ相続ハ夫婦ノ丹精ニ在リ
父母ノ富貴ハ祖先ノ勤功ニ在リ
吾身ノ富貴ハ父母ノ積善ニ在リ
子孫ノ富貴ハ自己ノ勤労ニ在リ
身命ノ長養ハ衣食住ノ三ニ在リ
衣食住ノ三ハ田畑ト山林ニ在リ
田畑ト山林ハ人民ノ勤耕ニ在リ
今年ノ衣食ハ昨年ノ産業ニ在リ
来年ノ衣食ハ今年ノ艱難ニ在リ
年年歳歳ニ報徳ヲ忘ル可カラズ

（報徳訓）

**【略解】** 上記「報徳訓」こそ、報徳翁の根本精神の表明です。いかに天地大自然をはじめとし、父母・祖先・夫婦・子孫の恩恵にあずかっているか、計り知れないものがあります。それればかりか、生存の三大根本である衣食住にかかわる田畑と山林それに従事せられる人民の勤労、それを総括して産業の社会充実発展の寄与によるもので、思えば無限の恩恵にあずかってこの身この生が生かされ守られているのです。この恩徳に報いる、「報徳」精神を人間は決して忘れてはならぬという偉大な訓《おし》えです。

## 2日　天理と人道（一）

天理と人道との差別を能《よ》く弁別する人なし。夫《そ》れ人身あれば欲あるは則ち天理なり。田畑へ草の生ずるに同じ。堤は崩れ、堀は埋《うま》り、橋は朽ちる、是《こ》れ則ち天理なり。然れば、人道は私欲を制するを道とし、田畑の草をさるを道とし、堤は築《つ》きて、立堀はさらひ、橋は掛け替へるを以て、道とす。

（夜話六）

**【略解】**　天道と人道の違いをよく認識している人が意外に少ない。堤は崩れ、堀が埋まり、橋が朽ちる、これも天然自然の道理である。それに対して人間としての対応を工夫することが人道である。

## 3日　天理と人道（二）

此《こ》の如く、天理と人道とは、格別な物なるが故に、天理は万古変ぜず、人道は一日怠れば忽《たちま》ちに廃す。されば人道は勤むるを以て尊しとし、自然に任ずるを尊ばず。

（夜話六）

**【略解】**　尊徳翁の思想哲理に、天理に随順して人道の誠を尽くすという考えが根本にあります。天理という宇宙不変の法則をわきまえて、人為的努力を怠らないのみか最善の努力を尽くすというのが、人間のあるべき姿である。

## 4日 天理と人道（三）

夫《そ》れ人道の勤むべきは、己《おのれ》に克つの教なり。己は私欲なり。私欲は田畑に譬《たと》ふればば草なり。克つとは、此の田畑に生ずる草を取り捨つるを云ふ。己に克つは、我心の田畑に生ずる草をけづり捨て、とり捨て、我心の米麦を、繁茂さする勤めなり。是を人道といふ。論語に己に克て礼に復《かえ》るとあるは此の勤めなり。

（夜話六八）

【略解】 人道で大事なことは、私欲に克つことです。私欲といえば、田畑に生える雑草の如しで、これをたえず除去することが日々の勤めとして肝要で、「克己復礼」とはこの勤めです。

## 5日 生者必滅

夫《そ》れ人、生れ出でたる以上は死する事のあるは必定なり。長生といへども、百年を越ゆるは稀《まれ》なり。限りのしれたる事なり。夭《わかじに》と云うも寿《ながいき》と云ふも、実は毛払《もうふつ》の論なり。譬へば蠟燭《ろうそく》に大中小あるに同じ、大蠟といへども、火の付けたる以上は、四時間か五時間なるべし。

（夜話一〇）

【略解】 人として生れたなれば 生者必滅は絶対必然です。

長生きといっても百歳を超えることは至難で、夭折《ようせつ》といい長寿といっても基準の立て方により違ってくる。

## 6日　わが身もなき物

人と生まれ出たるうへは、必ず死する物と覚悟する時は、一日活きれば則ち一日の儲《もう》け、一年活きれば一年の益なり。故に本来わが身もなき物、わが家もなき物と覚悟すれば、跡は百事百般みな儲《もう》けなり。（夜話一〇）

【略解】　元来わが身わが家も、わが身わが家でなく、期限つきの借りものと覚悟すれば、すべてのものごとは、思わぬ儲けものの連続ということになる。

## 7日　誠の道

誠の道は、学ばずしておのづから知り、習《なら》はずしておのづから覚へ、書籍《しょじゃく》もなく記録もなく、師匠もなく、而《しか》して人々自得して、忘れず、是ぞ誠の道の本体なる、渇して飲み飢て食ひ、労《つか》れていねさめて起く、皆此類なり、古歌に水鳥のゆくもかへるも跡たえてされども道は忘れざりけりといへるが如し、夫れ記録もなく、書籍もなく、学ばず習はずして、明らかなる道にあらざれば誠の道にあらざるなり。（夜話一）

【略解】　自修自得の道の真実相はこのようなもので、自証と称せられます。なかなか人には伝えにくい微妙な面があります。

## 8日 真の大道を

予《よ》が歌に「古道《ふるみち》に積もる木の葉を掻《か》き分けて天照す神のあし跡を見む」とよめり。古道とは皇国固有の大道を云ふ。積もる木の葉とは儒佛を始め諸子百家の書籍の多きを云ふ、夫れ皇国固有の大道は、今現に存すれども、儒佛諸子百家の書籍の木の葉の為に蓋《おお》はれて見えぬなれば是を見んとするには、此の木の葉の如き書籍をかき分けて大御神の御足の跡はいづこにあるぞと、尋ねざれば、真の神道を、見ることは出来ざるなり。（夜話六四）

**【略解】** 儒教や佛教の教えもいいが、そうした木の葉をかき分けて、その底に見えなくなっているわが国古来の真の神道を見出すことの必要を強く訴えておられる。

## 9日　無心の落葉（一）

天道は自然なり、人道は天道に随《したが》ふといへども、又人為なり、人道を尽して天道に任すべし、人為を忽《ゆるがせ》にして、天道を恨る事勿《なか》れ、夫庭前の落葉は天道なり、無心にして日々夜々に積る、是を払はざるは人道に非ず、払へども又落る、之に心を煩《わづら》はし、之に心を労し、一葉落れば、箒《ほうき》を取て立つが如き、是塵芥《ちりあくた》の為に、役《えき》せらるるなり愚と云べし。

（夜話一八二）

**【略解】**　天道と人道の説明に自然の落葉をもって説かれる所に、尊徳先生の譬《たと》えのうまさと明敏さがうかがわれます。

## 10日　無心の落葉（二）

木の葉の落ちるは天道なり。人道を以て、毎朝一度は払ふべし。又落ちるとも捨て置きて、無心の落葉に役せらるる事勿れ。又人道を忽《ゆるが》せにして積もり次第にする事勿れ。是れ人道なり。

（夜話一八二）

**【略解】**　落葉《らくよう》というものは、大自然の理に則るものであって、これはいわば天道である。しかし少なくとも毎朝一度掃除する、これは人道として勤めねばならない。

## 11日 無心の落葉（二）

愚人といへども悪人といへども、能教ふべし、教て聞ざるも、是に心を労する事勿れ、聞ぬとて捨る事なく、幾度も教ふべし、教て用ひざるも、憤《いきどお》る事勿れ、聞かずとて捨るは不仁なり、用ぬとて、憤るは不智なり、不仁不智は徳者の恐るる処なり、仁智二つ心掛て、我が徳を全ふすべし。

（夜話一八二）

**【略解】** 人道とは誠の限りを尽くす所にあり、誠とは仁・智の大徳をもって教え導くべしとの教えです。

## 12日 天地の経文

予が歌に、「音もなく香《か》もなく常に天地《あめつち》は書かざる経をくりかへしつつ」とよめり。此くのごとし日々、繰り返し〳〵てしめさるる、天地の経文に誠の道は明らかなり。かかる尊き天地の経文を外にして、書籍の上に道を求める、学者輩の論説は取らざるなり。

（夜話一）

**【略解】** 天地宇宙には天地宇宙の法則が厳然として存在し、気づかない人は気づかないだけで常に運行循環変化をくりかえしている。真の学者というものは、この天地の経文を読みとることを、第一義としている。

## 13日　小事の力耕

万町の田を耕すも、其の業《わざ》は一鍬づつの功にあり。千里の道も一歩づつ歩みて至る。山を作るも一と簣《もっこ》の土よりなる事を明らかに弁《わきま》へて、励精小さな事を勤めば、大なる事必ずなるべし。小さなる事忽《ゆるが》せにする者、大なる事は必ず出来ぬものなり。（夜話一四）

【略解】　これは翁の「積小為大」の思想の具体的実例です。この一文により「小事」の積み重ねと継続の大事さを教えられる。

## 14日　百事決定と注意

翁曰《いわ》く、百事決定と注意とを肝要とす。如何となれば、何事によらず、百事決定と注意とによりて、事はなる物なり。小事たりといへども、決定する事なく、注意する事なければ、百事悉《ことごと》く破る。（夜話一一五）

【略解】　ものごとの成就には、事の大小を問わず、遂行の意思決定と、細心の注意が、必要であると力説くださっている。

## 15日 粒々辛苦

春種を下してより、稲生じて風雨寒暑を凌《しの》ぎて、花咲き実のり、又こきおろして、搗《つ》き上げ白米となすまで、此の丹精容易ならず実に粒々辛苦なり。其の粒々辛苦の米粒を日々無量に食して命を継ぐ。其の功徳、また無量ならずや。（夜話一六三）

【略解】　一粒のお米を食するに至るまでの「粒々辛苦」について、見事な一文です。まさに合掌礼拝して敬虔な気持ちでお米をいただくべきだと感じさせられます。

## 16日 家道の保ち方

家の持ち方は、安きが如くなれども、至って難し。先づ早起きより始めて、勤倹に身を馴らすべし。夫より農なり、商なり。家業の仕方を能く学ばずして家を相続するのは、将棋《しょうぎ》に譬《たと》ふれば駒の並べ方も能く知らずして指さんとするが如し。（夜話続七）

【略解】　一家の保全もなかなか難しいものです。それには第一に早起きのこと、第二によく働くこと、第三にムダな出費を節約することです。

## 17日 一心堅固に

人心惟《こ》れ危うし道心惟《こ》れ微《かす》かなりとは、身勝手にする事は危き物ぞ、他の為にする事はいやになる物ぞと云う事なり。惟れ精惟れ一、まことに其の中を執れとは、能く精力を尽くし、一心堅固に二百石の者は、百石にて暮らし、百石の者は、五十石にて暮らし、その半分を推し譲りて、一村の衰へざる様、一村の益々富み益々栄える様に勉強せよ、と云う事なり。（夜話四〇）

**【略解】** 一心堅固にその分度を守り、推譲を進める所に一村の繁栄ありとの意。

## 18日 国家の衰貧

国家の盛衰貧富は分度を守ると分度を失うとに生ず。分度を守れば則ち盛富を致し、分度を失えば則ち衰貧に陥る。国家の衰貧に陥るや、仮貸《かたい》と聚斂《しゅうれん》と以て国用を補うは叔世《しゅくせい》の弊なり。（語録九）

**【略解】** 仮貸とは、借財。聚斂とは、重税。叔世とは、末の世。分度を立て分度を守ることは、国家の隆盛につながる。借財と重税は極力避けねばならぬ。

## 19日 脚下を定む

千里の路を行かんと欲する者は須《すべか》らく先づ脚下を定むべきなり。何を脚下と謂《い》う。分度是れなり。分度一たび定まれば、則ち荒蕪《こうぶ》以て墾《ひら》くべきなり。負債以て償うべきなり。衰国以て興すべきなり。（語録一二）

【略解】荒蕪とは、荒れはてた土地。「荒地は荒地の力をもって開拓し、負債は負債の力をもって」というのが、翁の体験からでた信念である。

## 20日 分度を定め度を立てる

分を定め、度を立つるは、我が道の本原なり。分定まり度立てば、則分外の財生ず。なお井を掘れば則ち涌水極りなきがごとし。其の財僅少《きんしょう》なるも、歳歳分外に生ずれば、則ち以て国を興し民を安んずべきなり。（語録一五）

【略解】これが衰村のみならず一家復興の道であり、永安の道である。

## 21日　天恩と地徳と

天恩と地徳と農功と微《なか》りせば、一粒粟を求むと雖《いえど》も而《しか》も得べからざるなり。人漠然として察せず、或は以て倉廒《そうごう》に在りと為し、或は以て米商に求むれば則ち得べしと為すは思わざるの甚しきなり。

（語録二一二）

【略解】　倉廒とは、倉庫。天徳・地徳・人徳の三大恩徳をゆめゆめ忘れてはならない。

## 22日　三気の融合

○　三つの気和して一輪福寿草

（三気とは天・地・人）

○　木かげにも道のありけり月夜かな

○　ふじは申さずまづむらさきの筑波山

（報徳要典）

【註】　尊徳翁の俳句は、技巧に走らず誇張もなく、心のゆとりと素直さの表現であり、しかも天・地・人の一円融合を感ぜしめるものがある。

## 23日 一呼あれば一吸あり

一呼あれば一吸あり、十呼あれば十吸あり、百呼あれば百吸あり、千呼あれば千吸あり、万呼あれば万吸あり。天地開けてより万代に至るも、呼吸は増減なし。これ故に天道は自然なりという。（大円鏡・原理篇）

【註】　一呼あれば一吸あり、これは呼吸の原則による。このように天地自然の理は、正反合の理による。増減の理もまた然り。

## 24日 年々歳々昼夜自転

増すものは必ず減じ、減ずるものは必ず増す。年々歳々昼夜自転運動して須臾《しゅゆ》も止《とど》まることなし。（金言集）

【註】　般若心経に「不生不滅・不垢不浄・不増不減」とあり、それについて哲人翁の深い哲理を示さる。

## 25日 貴重の種子

貴重の種子も、地に下し蒔かざれば生ぜず。蒔くは寂滅なり。生ずるは為楽《いらく》なり。

（金言集）

【註】種子のいのちが寂滅してこそ生物の発芽・成長・開花・結実の受楽がある。

## 26日 唯我独尊

宇宙万物は悉《ことごと》く唯我独尊なり。
釈迦も唯我独尊なり。
孔子も唯我独尊なり。
我も唯我独尊なり。
禽獣《きんじゅう》虫魚草木もみな唯我独尊なり。

（金言集）

【註】万物はすべて独立自尊にして、かつ相互扶助であり、個々自主にして相関連帯である。

## 27日 天地一元

天外に地なく、地外に天なし、
天地を合して一元と為す。
始外に終なく、終外に始なし。
始終を合して一物と為す。

（金言集）

**【略解】** 天あれば地あり、地あれば天あり、天地融合して全円となる。始あれば終あり、始終融合して全円となる。

## 28日 仁政と悪政

政事の要は与と取との先後にあり。
与を先にし取を後にするは仁政なり。
取を先にし与を後にするは悪政なり。

（金言集）

**【註】** 政治の要訣は与と取といずれを先といずれを後にするかにある。仁政と悪政の岐路は実にこの一点にある。

## 29日 酒匂川《さかわ》の決壊

先生僅かに五歳、酒匂川《さかわ》洪水大口の堤を破り数ヶ村流亡す。此の時利右衛門の田圃一畝《せ》も残らず悉く《ことごと》石河原となる。素《もと》より赤貧、加ふるに此の水害に罹《かか》り、艱難弥々《いよいよ》迫り、三子を養ふに心力を労すること幾千万、先生終身言《げん》この事に及べば必ず涕泣《ていきゅう》して、父母の大恩無量なることを云ふ。（報徳記）

【註】　この幼児のころの原初体験が翁の一生の思想と実践を生む根源エネルギーとなる。

## 30日 寸刻を惜しんで勤労

是より鶏鳴に起きて遠山に至り、或は柴を刈り薪《たきぎ》を伐り之をひさぎ、夜は縄をなひ草鞋《わらじ》を作り、寸陰を惜しみ身を労し心を尽し、母の心を安んじ二弟を養ふことにのみ労苦せり。而して採薪《さいしん》の往返にも大学の書を懐にして途中歩みながら之を誦《よう》し少しも怠たらず。これ先生聖賢の学の初なり。（報徳記）

【註】　金次郎の像を思い出してほしい。金次郎の生涯を貫く、勤労と読書の限りなき精進のシンボルです。

# 31日 草鞋の提供

先生十二より此役《このやく》（川堤修復）に出でて以て勤む。然《しか》れども年幼にして力足らず。ここに於て夜半に至るまで草鞋《わらじ》を作り、翌未明その場に至り、余若年にして一人の役に足らず、寸志なりといへども草鞋を作り持ち来れり。衆人その志の常ならざるを賞し、その草鞋をうけてその力を助く。

（報徳記）

【註】 弱年十二歳にしてこの篤志《とくし》力行。まさに衆をして感動せしむるもむべなるかな。

# 2　月

小田原市栢山《かやま》に現存する生家

## 1日 克己復礼

古語に、己《おのれ》に克《か》って礼に復《かえ》れば、天下仁に帰す、仁をなす己による、人によらんやとあり。己とは、手のわが方へ向く時の名なり。礼とはわが手を、先の方に向くる時の名なり。（夜話三八）

**【略解】** 人間というものは、私利私欲に走りがちですが、それに打ち克つことが、礼すなわち愛敬のこころ。利他の行いに努めたいものです。

## 2日 仁は人道の極

夫《そ》れ仁は人道の極みなり。（中略）近く譬《たと》ふれば此の湯船の湯の如し。是を手にて己《おのれ》が方に掻《か》けば、湯わが方に来るが如くなれども、皆向ふの方へ流れ帰るなり。是を向ふの方へ押す時は、湯向ふの方へ行くが如くなれども、又わが方へ流れ帰る。（夜話三八）

**【略解】** この譬えの湯船は、五右衛門風呂の場合で、強く先方側へ押せば強く返ってくる。これは天理であり、仁といい、義というのもすべて先方へ押すときの名をさすのである。

## 3日　只一筋なり

世の中に誠の大道は只一筋なり。神といひ儒といひ佛といふ。皆同じく大道に入るべき入口の名なり。或いは天台といひ、真言といひ、法華といひ禅と云ふも、同じく入口の小路の名なり。（夜話八）

【略解】世の中にある教えの道は、数々あるが、誠の大道というのはただ一条の道があるのみ。神道といい儒教といい、佛教といえど皆、大道への入口を異にするのみである。

## 4日　大道の門

神儒佛をはじめ心学性学等枚挙に暇《いとま》あらざるも、皆大道の入口の名なり。（中略）別々なりと教ふるは邪説なり。譬へば不二山に登るが如し。先達《せんだつ》に依て吉田より登るあり、須《す》走《ばしり》より登るあり。須《す》山より登るありといへども、その登る処の絶頂に至れば一つなり。（夜話八）

【略解】富士山頂に登る道は数々あれど、究極は一つである。各々道縁趣向の違いはあっても、目指すものは同じである。

## 5日 道は水車の如し

夫《そ》れ人道は譬《たと》へば、水車《みずぐるま》の如し、其形《そのかたち》半分は水流に順《したが》ひ、半分は水流に逆ふて輪廻す、丸に水中に入れば廻らずして流るべし、又水を離るれば廻る事あるべからず、夫れ佛家に所謂《いわゆる》知識の如く、世を離れ欲を捨てたるは、譬ば水車の水を離れたるが如し、又凡俗の教義も聞かず義務もしらず私欲一偏に著《ちゃく》するは、水車を丸に水中に沈めたるが如し、共に社会の用をなさず、故に人道は中庸を尊《たっと》む。（夜話二）

【略解】 天道と人道の違いに水車の譬えをもって説明せられたが、これまた哲人尊徳翁の鋭敏さがうかがわれるものです。

## 6日 水車の中庸

水車の中庸は、宣《よろし》き程に水中に入って、半分は水に順《したが》ひ、半分は流水に逆《さから》ひ昇りて、運転滞《とどこ》ふらざるにあり。人の道もその如く天理に順ひて、種を蒔き、天理に逆ふて草を取り、欲に随《したが》ひて家業を励み、欲を制して義務を思ふべきなり。（夜話二）

【略解】 水車の譬《たと》えをもって、よく無欲と人欲の中庸を説かれている。全くの無欲では、水車は回転しない。といって人欲（水の流れ）にどっぷり丸ごとつかっていては、水車は役立たない。それと同じく、天道と人道の調和の心がけが大事である。

## 7日　安心熟慮

大学に、安んじて、而して后《のち》能く慮《おもんばか》り慮りて而して后《のち》能く得るとあり。真《まこと》に然るべし。世人は大体苦し紛れに、種々の事を思ひ謀《はか》る故に、皆成らざるなり。安んじて而して後に能く慮りて、事を為せば、過ちなかるべし。而して后《のち》能く得ると云ふ真に妙なり。（夜話一〇〇）

**【略解】**　熟慮断行という言葉があるが、それと共に安心立命の境の必要条件を説いておられる。

## 8日　四つの法

世界の中、法則とすべき物は、天地の道と、親子の道と、夫婦の道と、農業の道との四つなり。この道は誠に、両全安全の物なり。百事この四つを法とすれば誤《あやまち》なし。予が歌に「おのが子を恵む心を法《のり》とせば学ばずとても道に到らん」とよめるはこの心なり。（夜話四二）

**【略解】**　この四つの道、すなわち天地の道、親子の道、夫婦の道、そして農業の道に共通するのは、生生化育のこころと営みである。

## 9日 商法の掟《おきて》

商法は、売って悦び、買って悦ぶようにすべし。売って悦び買って喜ばざるは、道にあらず。買って喜び、売って悦ばざるも道にあらず。貸借の道も亦同じ。

（夜話四二）

【略解】 商売の道は、売り方と買い方の両者がおたがいが悦ぶようにする、これが大事な一点で、貸借の道も同じく、貸し方と借り方が、共に悦べるようでありたい。

## 10日 大業をなす秘事

予先年印旛沼《いんばぬま》、堀割見分の命を蒙《こうむ》りし時、何様の変動に遭遇しても、決して失敗なき様に工夫せり。（中略）予が異変ある事を前に定めたるは、異変を恐れず、異変に蹶《つまず》かざるの仕法なり。是れ大業をなすの秘事なり。

（夜話五七）

【略解】 天災地変その他、意外なことまで予測して、準備を怠らないこと、すなわち備えあれば憂いなしである。

## 11日　礼法尊ぶべし

礼法は人界の筋道なり。人界に筋道あるは譬《たと》へば、碁盤将棋盤に筋あるが如し。人は人界に立ちたる、筋道によらざれば、人の道は立たず。

（夜話一七九）

【略解】　礼法は、人間界の規律である。碁盤や将棋盤に筋がひかれてあるように、人間界のきまりを守らなければ人倫の道はなり立たない。

## 12日　先祖の恩徳

おのれが勢《いきおい》、世に行はるるとも、己《おのれ》が力と思ふべからず。親先祖より伝へ受けたる位禄の力と、拝命したる官職の威光とによるが故なり。

（夜話三四）

【略解】　易経にある「亢龍悔《こうりゅうくい》あり」の格言を忘れてはならぬ。たとえ現在、昇龍の勢いがあるからといって驕《おご》ってはならない。

## 13日 三世の観通

儒道に、積善の家に余慶あり。積不善の家に余殃《よおう》あるは天地間の定規、古今に貫きたる格言なれども、仏理によらざれば判然せざるなり。夫れ仏に三世の説なり。此の理は三世を観通せざれば、決して疑ひなき事あたはず。

（夜話四四）

**【略解】** 余慶とは思わぬ慶びごと。余殃とは思わぬ災難。因果応報という天地の理法も、過去・現在・来世の三代にわたり大観すれば歴然たるものである。

## 14日 報徳は百行の長

汝輩《なんじよ》能く能く思考せよ。恩を受けて報いざる事多かるべし。徳を受けて報ぜざる事、少からざるべし。能く徳を報う者は、後来の栄《さかえ》を後にして、前の丹精を思ふが故に、自然幸福を受けて、富貴其の身を放れず。夫れ報徳は百行の長、万善の先と云うべし。

（夜話一八〇）

**【略解】** 徳とは㈠恩恵　㈡実践　㈢人格を意味する。この場合は、恩恵に報いる道こそ、百行万善の第一であるということである。

## 15日　苦楽哀歓

吉凶禍福・苦楽哀歓等は、相対する物なり。如何となれば、猫の鼠を得る時は楽の極なり。其の得られたる鼠は、苦の極なり。蛇の喜極まる時は、蛙の苦極まる。鷹の悦極まる時は雀の苦極まる。猟師の楽は、獣の苦なり。漁師の楽は、魚の苦なり。世界の事皆斯の如し。（夜話四一）

【略解】　尊徳翁の「悟道」の一つとして、この一方的な立場に立つ「半円観」より、両者の立場を重んずる「一円観」を主とし「一円融合」を念じた。

## 16日　小官を辞せず

人臣たる者君の任を得んと欲せば、宜しく身を修め道を守り、小官を辞せず、以て勤労に服すべし。夫れ此の如くにして信任を獲ざるも、敢《あえ》て以て怨みず、誠に能く其の勤労を尽さば、則ち其の信任を得ること必せり。（語録四一）

【略解】　現代にも通ずる勤務者の心得の粋ともいうべきものです。小官とは、地位の低い官吏。

## 17日 君子と小人

君子は君子を友とす。故に益々善に進む。小人は小人を友とす。故に益々悪に陥《おちい》る。夫れ禽獣《きんじゅう》は猟夫を懼《おそ》れ、小人は君子を畏る。畏るれば則ち近かず。近づかざれば則ち之を如何ともするなし。

（語録四七）

【略解】 大学に「小人閑居して不善を為す」の語があります。小人の善導何をもって着手すべきかについて一大工夫を要します。

## 18日 天なにゆえに

人宜《よろ》しく自ら思うべし。天何故に我が身を生ずるや。君師と作《な》す為か。臣民と作す為か。農工商賈《しょうこ》と作す為か。邦家を治むる為か。邑里《ゆうり》を理《おさ》むる為か。そもそも邦家を乱し邑里を擾《みだ》す為か。宜しくこれを我が心に問いこれを吾が心に答うべし。

（語録四八）

【略解】 天何によってわれをしてこの地上に派遣せられしか——を思うべし、と説かれています。

## 19日　守分と勤倹

貧者分力を弁《わきま》えず、妄《みだ》りに富者を羨《うらや》み、以て之に効《なら》わんと欲す。譬《たと》えば梁《はし》なき河を隔てて前岸の行楽を望み、之と倶にせんと欲するがごとし。若し富者に効《なら》わんと欲すれば、須《すべか》らく先ず富を得るの梁《はし》を架すべし。何をか富を得るの梁《はし》と謂《い》う。守分と勤倹と是れなり。（語録五八）

【略解】「分を守り、分を尽す」の一語につきると、教えられています。

## 20日　烏は烏、鷺は鷺

○　明月や烏は烏　鷺《さぎ》は鷺

○　のどかさや大磐石の人こころ

○　暮るるとも思はず花の山路かな

（報徳要典）

【略解】

・明月や…烏は烏として鷺は鷺としての天分があるの意。

・のどかさや…何といっても安心立命の不動心こそのぞましい。

・暮るるとも…花いっぱいの山路こそ世にうれしいものはない。

## 21日 寒暖一円

寒風を好む者は暑に住む者なり。
寒風を悪む者は寒に住む者なり。
暖風を好む者は寒に住む者なり。
暖風を悪む者は暑に住む者なり。
寒暖元は一円一物なり。
好悪は我が居る所に在り。

（金言集）

【註】　立場立場によって考え方感じ方が異なるものであるから、長たる者は大局観全体観を持つべしとの意。

## 22日 和して実法を結ぶ

天道人道に和して、百穀実法《みのり》を結ぶ。原一変して田となり、田一変して稲となる。稲一変して米となり、米一変して人となる。

（金言集）

【註】　天道に従い人道の誠を尽くす。これが尊徳翁の強調して止まない仕法です。

## 23日　開墾と荒蕪

天下の利　開墾より大なるはなく
天下の憂　荒蕪《こうぶ》より甚しきはなし。

（金言集）

【註】　心田開発と荒地開墾は尊徳翁の究極の心願です。

## 24日　仮の身を返す

仮《かり》の身をもとの主《あるじ》にかしわたし
民やすかれと願ふこの身ぞ

（二宮翁道歌）

【略解】　この肉体はもともと天の借りものである。借りものである以上、お返しすべきものである。この身この生を、お返ししたつもりになって、世のため人のため、安民立国のために尽力させていただかねばならぬと願っております。

## 25日 谷川のおとぞ楽しき

山々の露あつまりし谷川の
　ながれ尽きせぬおとぞ楽しき
（二宮翁道歌）

【略解】　筑波《つくば》山には二嶺あって男体《なんたい》山・女体《にょたい》山。その二嶺より流れ出る美那《みな》の川、その川の音のひびきはえもいえぬもので、まさにご神徳のひびきともいえよう。

## 26日 満腹のあと

はらくちく食うてつきひく尼かかは
　佛にまさるさとりなりけり
（二宮翁道歌）

【略解】　はらくちくとは腹が苦しくなるほど食った満腹の俗語です。さてその満腹したあとで、台所の始末をしてから米をつき、臼をひく女房は少なくなかった。心に不平をもたず、明日の準備にとりかかる女房のあり方は、佛道修行者にまさるとも劣らぬ悟道者ともいえようとの意。

## 27日 三カ条の遵守

服部氏に曰く、子今《きみ》その過ちを知れり、その過ちを補はんことを勤むべし。その事何ぞや。食は必ず飯汁に限り衣は必ず綿衣に限るべし。必ず無用の事を好むべからず。この三箇条を守るべきや否や。服部氏曰く、是れわが甘ずる所也。此の如くして家を興すの道あらば何の幸《さいわい》か之に如かんや。

（報徳記）

【註】　三カ条の基本の遵守、これが再興の原動力である。

## 28日 荒蕪の力

公*曰く、荒蕪を起さんに荒蕪の力を以てする事如何。答えて曰く、荒田一反を開き、その産米一石あらんに、五斗を以て食となし五斗を以て来年の開田料となし、年々この如くにして止まざれば、他の材を用ひずして、何億万の荒蕪といへども開き尽すべし。

（報徳記）

【註】　荒地開拓は分度を守る自力更生の力による。

＊公とは小田原藩主大久保忠真公のこと。

# 29日 廻村の行

鶏鳴より初夜に至るまで、日々廻り歩き一戸毎に臨みて人民の艱難《かんなん》善悪を察し、農事の勤惰を弁じ、荒蕪の広狭を計り、大雨暴風炎暑厳寒といへども一日も廻歩を止めず。（中略）自ら艱苦《かんく》に処し、衣は綿衣身を掩《おお》ふに足るを期し、食は一汁の外を食せず、邑中に出でて食するに冷飯に水を濺《そそ》き味噌を嘗《な》めて食するのみ。邑民《ゆうみん》の薦食《せんしょく》一物も食せず。

（報徳記）

【註】これが桜町陣屋にいたころの、翁の日常実践である。

# 3　月

大日本報徳社（掛川市）の庭にある尊徳像

## 1日 積《せき》小《しょう》為《い》大《だい》（一）

大事をなさんと欲せば、小さなる事を、怠らず勤《いそし》むべし。小積もりて大となればなり。凡《およ》そ小人の常、大なる事を欲して、小なる事を怠り、出来難き事を憂ひて、出来易き事を勤めず。夫《そ》れゆえ、終に大なる事あたはず。夫れ大は小の積んで大となる事を知らぬ故なり。

（夜話一四）

**【略解】** これがかの有名な「積小為大」の教えです。小事軽んずべからず、小事の積み重ねの威力を思うべきです。

## 2日 積《せき》小《しょう》為《い》大《だい》（二）

譬へば百万石の米と雖《いえど》も、粒の大なるにあらず、万町の田を耕すも、其の業は一鍬づつの功にあり。千里の道も一歩づつ歩みて至る。山を作るも一と簣《もっこ》の土よりなる事を明らかに弁《わきま》へて、励精小さなる事を勤めば、大なる事必ずなるべし。小さなる事を忽《ゆるが》せにする者、大なる事は必ず出来ぬものなり。

（夜話一四）

**【略解】** 耕作も一鍬ずつの功。千里の道も一歩から。小事精励の功である。

## 3日　是れ則ち天理なり

われ常に
「奪うに益なく、譲るに益あり
譲るに益あり、奪ふに益なし」
是れ則ち天理なりと教ふ。
能々《よくよく》玩味すべし。
（夜話三八）

【略解】人間として他人のために尽くすことに努めず、自分のために取ることのみに努めるのは、人としての道ではない。これは禽獣《きんじゅう》であり、人間の道に反するがゆえに、結果はよろしくない。

## 4日　足る事を知らず

夫《そ》れ世の中汝等が如き富者にして、皆足る事を知らず、飽くまでも利を貪《むさぼ》り、不足を唱ふるは、大人のこの湯船の中に立ちて、屈《かが》まずして、湯を肩に掛けて、湯船はなはだ浅し。膝《ひざ》にだも満たずと、罵《ののし》るが如し。
（夜話三八）

【略解】世の中の富者を見わたすと、現在の境遇に満足せず、不足を訴えている。まるで大人が湯船に身を屈めることを知らず、突っ立ったまま、湯が少ないとグチを言う愚か者に等しい。

## 5日 義務の先行

我れ若年初めて家を持ちし時、一枚の鍬損じたり。隣家に行きて鍬をかし呉れよといふ、隣翁曰く、今この畑を耕し菜を蒔かんとする処なり。蒔き終らざれば貸し難しといへり。われ家に帰るも別に為すべき業なし。予この畑を耕して進ずべしと云ひて耕し、菜の種下されよ、序《つい》でに蒔きて進ぜんと云ひて、耕し且つ蒔きて、後に鍬をかりし事あり。（夜話二〇）

【略解】　そのあと隣翁は、鍬に限らず何でも必要とあれば、遠慮なく申されよとの、お許しが出たという実例は印象深いものがある。

## 6日 至誠神の如し

山芋掘は、山芋の蔓を見て、芋の善悪を知り、鰻《うなぎ》つりは、泥土の様子を見て、鰻の居る居らざるを知り、良農は草の色を見て、土の肥瘦《こえやせ》を知る。みな同じ。所謂《いわゆる》至誠神の如し、と云ふ物にして、永年刻苦経験して、発明するものなり。（夜話二一）

【略解】　山芋掘りや鰻つりや良農の神わざともいえる透察眼は、多年刻苦の経験によ る。

## 7日　恩沢を念う

夫《そ》れその恩沢を忘るるは貧窮の本にして、その恩沢を念うは富饒《ふじょう》の本なり。その本を思いて以て勤むれば、即ち衣食足り、室家和《やわら》ぎ、親戚睦《むつま》じく、郷党悦び、永くその家を保つ。（語録六一）

【略解】 その恩沢を忘れないことが、家運隆盛、一族和睦につながる本である。

## 8日　因果応報

善悪必ず報応あり。父祖善を為し、子孫福を受く。猶《な》お春種の秋収あるがごとし。其而して其の善大なれば則ち其の報長く、其善小なれば則ち其の報短し。（語録六二）

【略解】 易経に「積善の家には必ず余慶あり、積不善の家には必ず余殃《よおう》あり」と。

## 9日　人の人たる所以

人にして徒《いたず》らに目前の利を謀らば、則ち禽獣となんぞ択《えら》ばんや。人の人たる所以は推譲にあり。此に一粒粟あり。直ちに之を食えば則ちただ一粒のみ。若《も》し推して以て之を種《う》え、秋実を待って食えば、則ち百粒を食うも、猶お且つ余りあり。是れ則ち、万世不易の人道なり。

（語録六八）

**【略解】**　人間と禽獣の異なる点は、推譲の如何と、将来への備蓄ができるかどうかである。

## 10日　譲・奪の二途

勤苦分外に進めば、則ち富貴其の中に在り。遊楽分外に進めば、則ち貧賤其の中に在り。勤苦分外に進むは譲なり。遊楽分外に進むは奪なり。貴賤貧富の得失は、譲奪の二途にあるのみ。

（語録六九）

**【略解】**　翁が言った「奪うに益なし、譲るに益あり」の一語と共に味わうべきことです。一八〇頁の図をご参照ください。

## 11日 不生不滅

生きしにと世のはかなさをよくみれば
　氷と水と名のみかはりて
（二宮翁道歌）

【略解】　生死の問題は形の上からは、万物無常の世界でありますが、氷が溶けて、水と化するように、固体が液体に変わったようなものですと、一応解釈できますが、なかなか体認自証は難しいものです。

## 12日 春の雨

○元旦や今年もあるぞ大晦日《みそか》

○笠とって行くもよしよし春の雨

○畑打ちの木槿《むくげ》に衣干す日かな
（報徳要典）

【略解】
・元旦や…初めあれば終わりあり、その覚悟はよいか。
・笠とって…春雨に笠もつ旅姿もオツなもの。
・畑打ちの…木槿に上衣を干して耕す半裸の夏姿のよさ。

## 13日 推譲の道

推譲の道は百石の身代の者、五十石にして暮らしを立て、五十石を譲るを云ふ。此の推譲の法は、我が教へ第一の法にして、則ち家産維持且《か》つ漸次増殖の方法なり。家産を永遠に維持すべき道は、此の外になし。

（夜話一四六）

**【略解】** 尊徳翁の教えの中でも、此の分度推譲の道は、筆頭第一の教えと言われるものです。

## 14日 天に抗せず

非 は理に勝つ事あたはず
理 は法に勝つ事あたはず
法 は権に勝つ事あたはず
権 は天に勝つ事あたはず
天 は明らかにして私なし

（楠公旗文）

如何なる権力者も、天には決して、勝つ事出来ぬなり。譬へば理ありとて頼むに足らず。押さるる事あり。且つ理を曲《まげ》ても法は立つべし。権を以て法をも圧すべし。然りといへども天あるを如何せん。

（夜話一四七）

**【略解】** 俗な言い方をすれば「見てござる」ということです。天は公平そのものです。

## 15日　往相と還相

神儒佛の書、数万巻あり。それを研究するも、深山に入り坐禅するも、其道を上り極むる時は、世を救ひ、世を益するの外に道は有るべからず。（中略）縦令《たとひ》学問するも、道を学ぶも、此処に到らざれば葎蓬《むぐらよもぎ》の徒《いたず》らにはい広がりたるが如く、人世に用無き物なり。

（夜話一四九）

**【略解】**「往相はやがて還相に転ぜねばならない」と言われる如く、還相とは、布施であり、奉仕であり貢献である。

## 16日　富家の戒め

ここに長く富貴を維持し、富貴を保つべきは、只我道推譲の教あるのみ。富家の子弟、此の推譲の道を踏まざれば千百万の金ありといへども、馬糞茸《ばふんだけ》と何ぞ異ならん。夫《そ》れ馬糞茸は季候に依って生じ幾程もなく腐廃し、世上の用にならず、只徒《いたず》らに滅するのみ。

（夜話二一四）

**【略解】**世の中には、このような一時成金の家も多く目にする所です。

## 17日 一因あれば一果あり

○一因あれば一果あり、十因あれば十果あり、百因あれば百果あり、千因あれば千果あり、万因あれば万果あり。天地開けてより万代に至るも、因果は増減なし。これゆえに天道は自然なりという。

（大円鏡・原理篇）

【註】 過去・現在・未来に通じる因果応報の理は歴々たるものです。これが天道であり宇宙大自然の法則です。

## 18日 小人と君子の違い

○小人は今日の勤功をもって昨日の衣食を補う。天道の冥慮《めいりょ》に逆《さから》う。このゆえに貧賤その身を離れず。

○君子は今日の勤功をもって明日の衣食を補う。天道の冥慮に順《したが》う。このゆえに富貴その身を離れず。

（大円鏡・原理篇）

【註】 小人と君子の違いを二点。すなわち今日の勤労の面と天道随順の面から明確に示しておられる。

## 19日　貧人と富人

○貧人は今日の勤功をもって昨日の衣食を補う。天道の冥慮《めいりょ》に逆《さか》う。このゆえに貧賤その身を離れず。

○富人は今日の勤功をもって明日の衣食を補う。天道の冥慮に順《したが》う。このゆえに富貴その身を離れず。

（大円鏡・原理篇）

【註】　貧人と富人の違いを二点。すなわち勤労と随順の面から明確に示しておられる。

## 20日　不止不転

日往《クコト》如レ是　月来《ルコト》如レ是　月往《クコト》如レ是　日来《ルコト》如レ是
暑往如是　寒来如是　寒往如是　暑来如是
春往如是　秋来如是　秋往如是　春来如是
人生如是　人育如是　人老如是　人死如是
天恵如是　地養如是　帰地如是　帰天如是

（大円鏡・原理篇）

【註】　天地人生の実相を観すれば変化のとどまらない一面と不変の軌道がありこの両面を具備する。

## 21日 人と生まれて

人と生れて衆生を助くる道を勤めざれば、人にして人にあらず。譲り助くることを拡《おしひろ》めなば、天下も以て治めつべきなり。

（金言集）

【註】 衆生済度の念を持たぬ者は人にして人にあらずとまで仰せです。

## 22日 忠孝は返戻の道

忠と孝は返戻《へんれい》の道なり。猶ほ借りたる鍬を返し、借りたる鎌を返すが如し。

（金言集）

【註】「君に忠、親に孝」は、報恩報徳の道である。西晋一郎先生の語に「親より受けた恩の有無厚薄を問わない。父母即恩である」と。

## 23日　忠勤と忠信

忠勤を尽してその弊を知らざれば忠信に至らず。

忠勤を尽くして其の弊を知るあれば必ず忠信に至る。

（金言集）

【註】　忠勤と忠信との違いはどこにあるかと言えば、忠勤は相対的で俺が、俺がの我意をまぬがれぬところがある。ではその差はどこにあるかと言えば報恩の一念の有無に存する。

## 24日　国家衰弊の原《もと》

国家衰弊の原《もと》二あり。

富者の費、貧者の費、是れなり。

富者の費は奢侈《しゃし》なり。

貧者の費は怠惰なり。

（金言集）

【註】　費とは消費、浪費を意味する。富者の金のムダ使いと貧者の時間のムダ使いを明確に指摘しています。

## 25日 天の恩寵

夕立と姿をかへて山里を
　恵むなさけぞはげしかりける
（二宮翁道歌）

【略解】　夏の夕立は、雷電とどろき、とりわけ烈風をともない、暴雨はげしいものですが、これは山里への天の恵みでもあります。
　このように思わぬ逆境も、天の恩寵でもあるわけです。

## 26日 無字の経文

音もなく香《か》もなく常に天地《あめつち》は
　かかざる経をくりかへしつつ
（二宮翁道歌）

【略解】　文字に書いた経文は、神儒佛といろいろその教えを異にしていますが、文字に書いてない経文は、天地の法則そのもので、肉眼では見えず、心眼をもって見ないと見えないものです。たとえ見えても見えなくても厳然としてその循環運行をくりかえしております。

## 27日　深山に咲く花

あら山の深山の奥の谷かげも
花咲きにけり春のめぐみに
（二宮翁道歌）

【略解】　天地の運行はまことに私意なく嘘偽りなく、陰日向のないものです。従って人跡未踏の荒山の深山幽谷にも、春の時至れば花が人知れず咲いて、人が見ようが見まいが、心ゆかしく咲いているものです。

## 28日　無限の恩恵

天《あめ》の日の恵みつみをく無尽蔵
鍬でほり出せ鎌でかりとれ
（二宮翁道歌）

【略解】　これは天地無限の恩恵を詠まれた一首です。無尽蔵ともいえるその功徳を、鍬や鎌を使って勤労耕作を重ねて、その大地の宝庫から掘り出し、刈りとらねばならぬとの意。

## 29日 逆徒の存在

小田原の吏某《なにがし》なるもの性甚《はなは》だ剛悍《ごうかん》にして先生の徳行を忌み其の事業を妨《さまた》ぐ。先生の処置する所は悉《ことごと》く僻論《へきろん》を以て之を破り、邑中に出づれば、この件々を二宮命ぜりと雖《いえど》も我之を許さず、若しわが言に従はずんば必ず汝等を罰せんと云ふ。某常に先生の功業を破るを以て心とす。（報徳記）

【註】　先生も大いに困ったわけですが婦人に命じて酒肴《しゅこう》を以て労をねぎらい、終日酒肴を絶つこと勿れと命じられました。

## 30日 辛酸痛苦

先生歎じて曰く、予は君の委任を受けこの地に至るより以来、旧復の道を行ふこと既に数年、必定旧復疑ひなしといへども奸《かん》民《みん》之を妨《さまた》げ、かつ我と事を共にする所の吏もまた各《おのおの》偏執疑惑を生じ終《つい》に讒訴《ざんそ》に及べり。かくの如くして三邑《さんゆう》を興復せんことその期を計る可からず。嗚呼《ああ》われ能はずとして退かんことは易しと雖《いえど》も君命を廃するを如何《いかん》せん。（報徳記）

【註】　いかに立派な先生も大いに苦悩せられたわけです。

## 31日 成田での誓願

ここに於てひそかに陣屋を出でて成田山に至り二十一日の断食をなし、上《かみ》君意を安んじ下《しも》百姓を救んことを祈誓し、日々数度の灌水を以て一身を清浄ならしめ祈念昼夜怠らず、二十一日満願の日に至りて其の至誠感応、志願成就の示現を得たり。満願に及んで始めて粥《かゆ》を食し、一日にして二十里の道程を歩行し桜町に帰れり。（報徳記）

【註】まことに驚嘆すべきことです。断食祈誓のすえ、いかなる示現を得られたか、先生は終生これについて仰せになっていません。

# 万象具徳（ばんしょうぐとく）

佐々井典比古先生
（報徳博物館理事長）

どんなものにも　よさがある
どんなひとにも　よさがある
よさがそれぞれ　みなちがう
よさがいっぱい　かくれてる
どこかとりえが　あるものだ

もののとりえを　ひきだそう
ひとのとりえを　そだてよう
じぶんのとりえを　ささげよう
とりえととりえが　むすばれて
このよはたのしい　ふえ（増え）せかい

# 4　月

行脚《あんぎゃ》の僧に200文を出して観音経の訓読を乞う（18歳）
——飯泉観音

## 1日 勤・倹・譲

我が道は勤倹譲の三つにあり。勤とは衣食住になるべき物品を勤めて産出するにあり。倹とは産み出したる物品を費やさざるを云ふ。譲は此の三つを他に及ぼすを云ふ。扨《さ》て譲は種々あり。今年の物を来年の為に貯ふるも則ち譲なり。夫《そ》れより子孫に譲ると、親戚朋友に譲ると、郷里に譲ると、国家に譲るなり。其の身その身の分限に依って勤め行ふべし。

（夜話続四三）

**【略解】** 尊徳翁の三本柱「勤・倹・譲」を簡明に説かれたものです。

## 2日 わが心願

予不幸にして、十四歳の時父に別れ、十六歳のおり母に別れ、所有の田地は、洪水の為に流失し、幼年の困窮艱難《かんなん》実に心魂に徹し、骨髄に染み、今日猶《な》ほ忘るる事能はず、何卒《なにとぞ》して世を救ひ国を富まし憂き瀬に沈む者を助けたく思ひて、勉強せしに計らずも又、天保両度の飢饉《ききん》に遭遇せり、是に於いて心魂を砕き、身体を粉にして弘く此の飢饉を救はんと勤めたり。

（夜話二〇〇）

**【略解】** 天災飢饉、死別困窮あらゆる辛酸を味わい、救人済世の悲願ついになる。

## 3日 日々の丹誠

予飢饉救済のため、野常相駿豆の諸村を巡行して、見聞せしに、凶歳といへども、平日出精人の田畑は、実法《みの》り相応にありて、飢渇に及ぶに到らず、予が歌に「丹誠は誰しらねどもおのづから秋の実法《みのり》のまさる数々」といへるが如し。（夜話二〇二）

**【略解】** 農事のことのみならず、商業界においても、不況の時にも不景気ではないというお店があります。それは日頃の丹誠のあり方によります。

野常相駿豆とは下野常磐《しもつけじょうばん》・相馬《そうま》・駿河《するが》・伊豆《いず》の地方を指す。

## 4日 あせらずおこたらず

昔の木の実、今の大木、今の木の実、後世の大木なる事を、能々《よくよく》弁《わきま》へて大を羨《うらや》まず、小を恥《は》じず、速やかならん事を欲せず、日夜怠らず勤むるを肝要とす。

「むかし蒔《ま》く木の実大木と成りにけり、今蒔く木の実後の大木ぞ」（夜話一六二）

**【略解】** 事の成就は、日夜あせらず、なまけず、おこたらずの勤勉の労による。

## 5日 聖人の大欲

世人皆、聖人は無欲と思へども然ず。其の実は大欲にして、其の大は正大なり。賢人之に次ぎ、君子之に次ぐ。凡夫の如きは、小欲の尤《もっと》も小なる物なり。夫《そ》れ学問は此の小欲を正大に導くの術を云ふ。（夜話二一七）

【略解】 では聖人の大欲は何かと言えば「国家を経綸《けいりん》して、社会の幸福を増進するにあり」とあります。

## 6日 わが身に徳を積む

若き者は、毎日能く勤めよ。是れ我が身に徳を積むなり。怠りなまけるを以て得と思ふは大なる誤なり。徳をつめば天より恵みあること眼前なり。（夜話続二五）

【略解】 わが身に徳を積むとは、勤勉力行です。それにはまず早起きより始めて、勤倹にはげむように――。と若者に篤々と説かれております。

## 7日 分限を守る

夫《そ》れ分限を守らざれば、千万石といへども不足なり。一度《ひとたび》過分の誤りを悟りて分度を守らば、有余《ゆうよ》おのづから有りて、人を救ふに余りあらん。（中略）百石の者は、五十石に屈《かが》んで、五十石の有余を譲り、千石の者は、五百石に屈《かが》んで、五百石の有余を譲る、是を中庸と云ふべし。（夜話三八）

【略解】 分度を定め、分度を守ること、これが中庸ということで、これが安心立命の道であります。

## 8日 一理、万理に通ず

一理誠に明らかなれば、万理に通ず。（中略）予が歌に「古道につもる木の葉をかきわけて、天照らす神の足跡を見ん」足跡を見ることを得ば万理一貫すべし。然《しか》せずして徒《いたず》らに仁は云々《うんぬん》、義は云々と云ふ時は、之を聴くも之を講ずるも共に無益なり。（夜話続二六）

【略解】 神道の根本義を自得し、この一理を究めることが万理に通暁することになる。この一理とは何か。身心の浄化・場の清浄ではなかろうか。

## 9日　糞桶の米飯（一）

俗儒あり翁の愛護を受て儒学を子弟に教ふ、一日近村に行て大飲し酔ふて路傍に臥《ふ》し醜体《しゅうたい》を極めたり、弟子某氏の子、是を見て、翌日より教を受けず、儒生憤《いきどお》りて、翁に謂て曰、予が所行の不善云うまでにあらずといへども、予が教へる処は聖人の書なり、予が行の不善を見て併せて聖人の道を捨るの理あらんや、君説諭して、再び学に就かしめよ、と乞ふ。

（夜話七二）

【略解】　俗儒とは文字の解釈のみに終始し、日常の生活実践に欠ける所がある者のことをいい、深く自戒内省すべしとの教えです。

## 10日　糞桶の米飯（二）

翁曰君憤《いきどお》る事なかれ、我譬《たとえ》を以て是を解《かい》せん、爰《ここ》に米あり飯《めし》に炊《かしい》で、糞桶《くそおけ》に入れんに、君是を食はんか、夫《そ》れ元清浄なる米飯《はん》に疑《うたがい》なし、只糞桶に入れしのみなり、然るに、人是を食する者なし、是を食するは只犬《いぬ》のみ、君が学文又是におなじ、元赫々《かくかく》たる聖人の学なれども、卿《きみ》が糞桶の口より講説する故に、子弟等聴《きか》ざるなり、其聴ざるを不理と云べけんや。

（夜話七二）

【略解】　「糞桶の飯が食えるか」とは痛烈な戒めです。かかる俗儒を尊徳翁は文字学者といい、石田梅岩先生は文字芸者と評せられた。

## 11日 糞桶の米飯（二）

夫《そ》れ卿《きみ》は中国の産と聞けり、誰に頼まれて此地に来りしぞ、又何の用事ありて来りしや、夫れ家を出ずして、教を国になすは聖人の道なり、今此処に来りて、予が食客となる、是何故ぞ、口腹を養ふのみならば、農商をなしてたるべし、卿何故に学問をせしや、儒生曰く我過《あやま》てり、我只人に勝たむ事のみを欲して読書せるなり我過てり、と云て謝して去れり。（夜話七一）

【略解】 何のための学問か、ただ食わんがための学問に終わっていいのかと強く猛省を示されています。

## 12日 読書と躬行

書を読んで躬《み》に行わざる者は、猶《な》ほ鍬を買って耕さざるがごとし。耕さずんば、則ち何ぞ鍬を買うを用いん。行わずんば則ち何ぞ書を読むを用いん。かつ読書と躬行と相まつは、なお布帛に経緯《けいい》あって後《のち》成るがごとし。読書は経《たて》なり。躬行は緯《よこ》なり。（語録七六）

【略解】 人間形成にとって読書と実践は、まさに車の両輪の如しとも言えましょう。経緯とは、たて糸とよこ糸。

## 13日 行余学文

孔子曰く、行《おこない》余力あれば則ち以て文を学ぶと。余固《もと》より文を好む。然れども少にして孤、外家に寄食し、日夕苦使する所と為り、また余力あるなし。故に午飯に当るや、人は湯を温め以て茶を煮る。余は則ち冷飯水飲、以て大学を読む。（語録七九）

【略解】 尊徳翁は幼いころより、千辛万苦、一家を支えんがために、実践躬行《きゅうこう》を第一にし、その余力余暇をもって読書三昧せられたと聞く。自己に省りみて何をか言わんやです。

## 14日 忠孝は明智なり

忠孝は善の大なる者、不忠不孝は悪の大なる者、其の大を推し、その小を極め、悪を避け善に従わば、則ち其の知恵たるや大なり。（語録八一）

【略解】 神言に曰く、「我に知恵なし、忠孝を以て知恵をなす」とあり、忠孝は最大の知恵すなわち明知明徳につながるものと教えられています。

## 15日 貪《とん》と譲の差のみ

禽獣唯々貪《むさぼ》るを知って譲るを知らず、是を以て一日も安んずるを得ざるなり。鴻《こう》荒《こう》の世、人類も亦然り。神聖、推譲を以て人道を立て、兆民以て安んず。（語録一〇四）

【略解】「人類と禽獣との違いは、貪欲と推譲の差あるのみ」と説かれるが、人間にして禽獣に近きを反省せざるを得ません。鴻荒の世とは、大昔の世の中。

## 16日 初桜

○初桜　鐘もお寺の遠音かな

○蝶々や日和《ひより》動きて草の植え

○山吹きや古城を守る一つ家

（報徳要典）

【略解】

・初桜…初咲きを知らせるような寺の鐘の音のよさよ。

・蝶々や…陽が射しそめると同時に蝶々がひらひらと草の上を舞っている。

・山吹きや…古城を守る一軒家の気高き風情。

## 17日 五倫・三才・三尊

○君臣義あり　父子親あり　夫婦別あり
兄弟序あり　朋友信あり、
これを五倫と名づく。
○地無ければ天なく　天あれば則ち地あり
天地あればすちわち人あり。
天地人これを三才と名づく。
○母なくば父なく、父あれば則ち母あり
父母あれば則ち我あり、
父母と我、これを名づけて三尊と名づく。

（五倫・三才・三尊）

【略解】五倫・三才・三尊に分けて天地人倫の限りなき恩徳を説いておられる。

## 18日 堪忍を破らず

世の人　生涯堪忍《かんにん》を破らず、誠を以て諸事を行ふときは、願はずして立身出世疑なし。

（金言集）

【註】「堪え難きを堪え、忍び難きを忍ぶ」という言葉があり、「ならぬ堪忍するが堪忍」という俗言もある。

人生耐忍に終始すべしとも言えよう。

## 19日　嫁と姑

嫁は舅《ちち》姑《はは》を養ふに養父母に仕ふること猶《な》ほ実父母に仕ふる如くならば、是れ独り舅《ちち》姑《はは》養父母に孝なるのみならず、同時に実父母へも孝となるなり。

（金言集）

【註】古来、嫁・姑の間柄はなかなか容易ならぬ難問ですが、心構え一つによって微光が感ぜられるものです。

## 20日　行い教え、学んで行う

行ひて教へ学んで行ふ。今の教ふる者、言うて教へ書きて教ふ、故に効なし。

（金言集）

【註】リーダーの心がけはこの一語に尽きるともいえます。
　まず長たる者の修学と実践が先決問題です。

## 21日 窟の無き理を求む

理窟《りくつ》上手は用に立たず。窟《あな》の無き理を求むべし。

（金言集）

【註】　理路整然たる論理による説得もなるほど大事な要件なれど、論理をこえた情理の内にありやなしやが、まず必要条件の最大なるものなり。

## 22日 徳は本、財は末

徳は本なり、財は末なり。本を外にし末を内にすれば、民を争はしめ奪ふことを施す。

（金言集）

【註】　徳とは人格・品性をいう。この徳を養うことが、何より根本の第一義であり、財の蓄積は第二・第三の問題で本末を誤ってはならない。

## 23日 花さけば

花さけば老《おい》も若きもへだてなく
　詠《なが》めにさそう春の山かな
（二宮翁道歌）

【略解】　この花は何の花であろうか。春の山というから、桜の花を思われるが、老若男女をとわず、今年の花見に心ひかれる日本人の心情をみごとに示されています。「徳は孤ならず、必ず隣《となり》あり」の一語が思い出されます。

## 24日 独を慎しむ

山寺の鐘つく僧の起《お》き臥《ふ》しは
　知らでしりなむ四方《よも》の里人
（二宮翁道歌）

【略解】　この歌は、君子はその独《ひとり》を慎しむべしとの意をこの一首に託したものです。遠く離れた山寺の僧侶の日常生活を、知るはずはないのですが、その鐘の音によって、村人たちは、察しがつくということです。それ故、リーダーたるべき者は心しなくてはならぬということです。

## 25日 愛情を法とする

おのが子を恵む心を法《のり》とせば
　学ばずとても道にいたらむ
（二宮翁道歌）

**【略解】**　この世において親の子を育《はぐ》くむ愛情ほど尊いものはございません。これが宇宙の法則であり、これが天意にかない、菩薩の佛心にかなうものですから、この信念切々たる思いを保ちつづけるならば、何も特別の勉強をしなくても、道を究めることが出来ましょう。

## 26日 感恩報徳の心

何事も事足り過ぎて事たらず
　徳に報うる道をしらねば
（二宮翁道歌）

**【略解】**　人間は、感恩報徳の心がなければ、何事にも不足の念が起こるものです。十分すぎるほど恵まれた結構な暮らしをしながら、その恩恵になれて、そのありがたさがわからなくなるものです。感恩報徳の心構えと実行がなにより大切と言えましょう。

## 27日 善き種をまけ

米まけば米の草はえ米の花
　さきつつ米のみのる世の中
（二宮翁道歌）

【略解】 米の種をまけば米の草はえ、米の花咲き、米の実がなる。このように、善き種をまけば、善き草がはえ、善き花が咲いて、善き実りがある。すべて種どおりの実りがある。

## 28日 里正の任

里正《しょうや》たるものは細民に先立ち艱難《かんなん》をなむべきの任なるが故に、細民安んずることを得ばその後に汝の望みも為し与ふべし。然らば＊邑民《ゆうみん》の怨望何に由って生ぜん。誰か汝の行ひを非とせんや。
（報徳記）

【略解】 横田村の里正円蔵に諭されたもので、円蔵大いに感激し教えに従われました。

＊邑民とは村人のこと。

## 29日 己をすてて人を恵む

岸右衛門曰く、教に随ひ欲を捨つることを何をか先んぜん。曰く、汝の貯へ置きし金銀器財を出し窮民救助の用となせ、又田圃《たんぼ》悉《ことごと》く之をひさぎ代金となし之をも出すべし。私欲を去り、私財を譲り、邑民《ゆうみん》の為に力を尽すこと人事の善行豈《あに》是より大なるものあらん。人の人たる道、己をすてて人を恵むより尊きものはあらず。然るに汝旧来の所行、只我を利せんとする外他念なし。（報徳記）

【略解】と言われても岸右衛門はすぐには決せられませんでしたが、そこに先生の説諭と処遇の深遠さがありました。

## 30日 永続の根本

汝等世人の飢渇を察し、朝は未明に起きて縄をなひ筵《むしろ》を打ち、来歳十分の作を得ば毎家いよいよ永続の根本となり、天災変じて大幸となるべし、必ず怠るべからずと教ふ。三邑の民大いに感動し、専《もっぱ》ら家業を勤み又一段の福《さいわい》を得たりと云う。（報徳記）

【略解】先生は、天明以来の飢饉の凶荒を予知せられ、各戸に稗《ひえ》を植えて、飢渇をまぬかれました。なおその上に日常実践の心得を説かれたのです。

# 5　月

二宮尊徳翁開眼之地の碑（成田山）

## 1日　徳を以て徳に報いる

わが教へは、徳を以て徳に報《むく》うの道なり。天地の徳より、君の徳、親の徳、祖先の徳、其の蒙る処人々みな広大なり。之に報うに我が徳行を以てするを云ふ。君恩には忠、親恩には孝の類、之を徳行と云ふ。さてこの徳行を立てんとするには、先づ己々《ここ》が天禄の分を明らかにして、之を守るを先とす。

（夜話一一八）

【略解】「徳行を以て徳恩に報いる」は翁の根本思想ですが、その徳行に先立ち天禄の分（おのが徳分）を明確にして、それを守ることを第一にするところに、その特質がある。

## 2日　天禄を守る

人生尊ぶべき物は、天禄を第一とす。故に武士は天禄の為に、一命を抛《なげう》つなり。天下の政事も、神儒佛の教も、其の実、衣食住の三つの事のみ。黎民《れいみん》飢えず寒《こご》えざるを王道とす。故に人たる者は、慎んで天禄を守らずばあるべからず。固く天禄を守る時は、困窮艱難の患なし。

（夜話一一九）

【略解】天下の政治も宗教も道徳も結局のところ、衣食住という生活の三原則に帰着する。

## 3日　富国の基本

秤《はかり》あれば、天下の物の軽重は知れざる事なく、枡《ます》あれば天下の物の数量は知れざる事なし。故にわが教の大本、分度を定むる事を知らば、天下の荒地は、皆開拓出来たるに同じ。天下の借財は、皆済成りたるに同じ。是れ富国の基本なればなり。

（夜話八五）

【略解】「分度を定め、分度を守る」。これが尊徳翁の教えの一大基本であり、これが、荒地開拓、借財返済の一大軌道です。

## 4日　手堅き身代

翁曰く、千円の資本にて、千円の商法をなす時は、他より見て危うき身代と云ふなり。千円の身代にて、八百円の商法をする時は、他より見て小なれど堅き身代と云ふ。此の堅き身代と云はるる処に、味はひあり益あるなり。

（夜話一〇七）

【略解】身代とは、資産運用をさす。従って手堅い身代とは、危なげない資産運用といえます。

## 5日 菜根を咬《か》む

翁某の旅舎《はたごや》に宿泊せらる。床に「人常に菜根を咬《か》み得ば則ち百事做《な》すべし」と書ける幅あり。翁曰く、菜根何の功能ありて、然るかと考ふるに、是は粗《そ》食になれて、夫れを不足に思はざる時は、為す事皆《みな》成就すと云ふ事なり。

（夜話一二六）

**【略解】** 翁は常に眼前の事象をとらえて教えられました。今日食生活の乱れが感じられるとき、「菜根を咬《か》む」の意味を考えねばなりません。

## 6日 天分の内にて

夫《そ》れ入るを計りて、天分を定め、音信贈答も、義理も礼儀も、皆この内にて為すべし。出来ざれば、みな止むべし。あるいは之を吝嗇《りんしょく》と云ふ者ありとも、夫れは言う方の誤りなれば、意とする事勿《なか》れ。何となればこの外に取る処なく、入る物なければなり。

（夜話一二八）

**【略解】** 義理も交際も何事も分度内にてという徹底した考えに傾聴せざるを得ません。

## 7日　安全のお守《まもり》

髙野氏旅粧《たびよそおい》なりて暇《いとま》を乞ふ。翁曰く、卿《きみ》に安全の守を授けむ。則ち「飯と汁木綿着物は身を助く、その余は我をせむるのみなり」の歌なり。歌拙《つたな》しとて軽視する事勿《なか》れ。身の安全を願はばこの歌を守るべし。一朝変ある時にわが身方と成る物は、飯と汁木綿着物の外になし。（夜話一三二）

**【略解】** 無事長久のお守り、深く味わうべきかな、本立ちてのち道生ず。

## 8日　遠きを謀る者、近きを謀る者

遠きを謀《はか》る者は富み、近きを謀る者は貧《ひん》す、夫《そ》れ遠きを謀る者は、百年の為に松杉の苗を植う、まして春植て、秋実《み》のる物に於《おい》てをや、故に富有なり、近きを謀る者は、春植えて秋実法《みの》る物をも、猶《なほ》遠しとして植えず、只眼前の利に迷《まよ》ふて、蒔《ま》かずして取り、植えずして刈取る事のみに眼をつく、故に貧窮《ひんきゅう》す。（夜話四七）

**【略解】** この「遠きを謀る者は富み、近きを謀る者は貧す」は有名な言葉です。遠大な見通しという先見性と大局観こそが大切であるとの教えです。

## 9日 道は行いにあり

大道は文字の上にある物と思ひ、文字のみを研究《けんきゅう》して、学問と思へるは違《たがえ》り、文字は道を伝《つた》ふる器械《きかい》にして、道にはあらず、然るを書物を読みて道と思ふは過《あやま》ちならずや、道は書物にあらずして、行ひにあるなり。

（夜話一七四）

**【略解】** 読書と実践は車の両輪です。日常の実践なくして真の学問と言うことはできない。

## 10日 諸行無常

諸行無常なる事知らるべし。（中略）惜しい、欲しい、憎い、かはゆい、彼も我れも皆迷なり。此の如く迷うが故に三界ノ城といふ堅固な物が出来て人を恨み、人を妬み、人をそねみ、人に憤《いきどお》り、種々の悪果を結ぶなり。之を諸行無常と悟る時は、十方空となって恨むも、妬むも、悪《にく》むも、憤るも馬鹿々々しくなるなり。是の所に至れば、自然怨念死霊も退散す。之を悟りと云ふ。

（夜話続三八）

**【略解】** 「迷故三界城・悟故十方空」についてのまことに適切な解説です。

## 11日 変に備えて

世の中に事なしといへども、変なき事あたはず、是れ恐るべきの第一なり。変ありといへども、是れを補ふの道あれば、変なきが如し。変ありて是れを補ふ事あたはざれば大変に至る。古語に三年の貯蓄《たくわえ》なければ、国にあらず。（中略）家も又然り。

（夜話一一三）

【略解】「備えあれば患《うれ》いなし」に言われるように、まさかの転変に備えて、日ごろ備蓄の必要ありと力説された。

## 12日 時に応じた変化対応

ここに農家病人等ありて、耕耘《こううん》手遅れなどの時、草多き処を先にするは世上の常なれど、右様の時に限りて、草少なく至って手易き畑より手入して、至って草多き処は、最後にすべし。是尤《もっと》も大切の事なり。

（夜話二一八）

【略解】　農家に病人があり事情があって、草刈り等が遅れた場合は、草の多い所は後回しにして草の少ない所から始めよの教えは、やはり真実の智慧というべきです。

## 13日 桃李と楠樫《なんけん》

小にして忍耐せざる者は長じて速かに亡ぶ。桃李《とうり》是れなり。小にして忍耐する者は長じて久しく存す。楠樫《なんけん》是れなり。是れ忍耐と不忍耐とに由るなり。人宜《よろ》しく桃李を見て以て戒慎し、楠樫を見て発憤すべし。

（語録一一二）

【略解】　桃李とはももとすもも、楠樫とはくすの木とかしの木。楠樫は風雨に耐え、寒暑に耐えた結果である。

## 14日 利を計る遠近

貧富の本は利を計る遠近に在るのみ。利を計る遠き者は樹を植え以て其の生長を楽しむ。利を計ること近き者は穀を種《う》うるをなお遠しと為す。

（語録一二五）

【略解】　利を計るにも二種類あるようです。春植えて秋の収穫を待つことさえうとましく思う近欲《ちかよく》の人は、利に見放されるといえよう。

## 15日 陰徳あれば陽報あり

古人言えるあり、曰く、陰徳あれば、必ず陽報ありと。之を力農と勤学とに譬《たと》う。春夏力を耕耘《こううん》に労するは乃《すなわ》ち是れ陰徳にして秋収を得るは陽報なり。夙夜《しゅくや》心を学問に苦しむるは乃ち是れ陰徳にして禄爵《ろくしゃく》を得るは陽報なり。

（語録一三六）

**【略解】** 夙夜とは、朝早くより夜おそくまで、という意で、勉学研究にいそしむならば、やがて禄位人爵これにともなうと説かれています。

## 16日 恩を忘るる勿れ

事の成否は恩を記《しる》すと恩を忘るるとに係《かか》る。前恩を記し以て之を報ぜんと欲する者は事を作せば必ず成る。前恩を忘れて後恩を貪る者は、事を作せば必ず敗る。故に成ると敗るるとは恩を記すと恩を忘るるとにあるのみ。

（語録一四〇）

**【略解】** 「受けたる恩は石に刻み、施したる恩は水に流すべし」という古訓にある通りである。

## 17日 忠勤を尽して

忠勤ヲ尽シテ至善ト思ハバ忠信ニ非ズ
忠勤ヲ尽シテ道理ト思ハバ忠信ト謂フ
忠勤ヲ尽シテ報徳ト思ハバ忠信ニ至ル
○
忠勤ヲ尽シテ其ノ弊ヲ知ラザレバ
忠信ニ至ラズ
忠勤ヲ尽シテ其ノ弊有ルヲ知レバ
必ズ忠信ニ至ル
（三才報徳金毛録）

【註】「忠勤ヲ尽シテ報徳ト思ハバ忠信ニ至ル」この一行が、この一連の章句の中心思想です。

## 18日 汐干狩

○ 汐干狩思はず濡るるこころ哉
○ 花のこと今は忘れて紅葉かな
○ 気にいらぬ風もあらうに柳哉
（報徳要典）

【略解】
・汐干狩…汐干狩の親子連れの姿を見て思わず涙の意。
・花のこと…桜の春をわすれていまは秋の紅葉を楽しむの意。
・気にいらぬ…風の吹くままに逆らわない順応心にいまは学ぼうの意。

## 19日　わがものにあらず

元来わが身わが心、天地のものにして我ものにあらず、我身と我心、我ものならざる事をしりはべらば人として不足なし不自由なし。

（悟道草案）

【註】　本来わが身わが心というものはわがものではない。天地の借りものゆえ、いつかお返しすべきものである。

## 20日　不足の心

百物充足するもその恩沢を報ずる心なければ終に不足の心を生ず。

（金言集）

【註】　いかほど何不自由ない生活環境にあってもその恩恵を感じ報ずる感恩報徳の心がなければ不幸不満の心に溺れてしまう。

## 21日 棟梁の材と細工人の能

棟梁の材と細工人の能とは別なり。
人各々得る所あり。
一家に於て然り。
一国に於て然り。

（金言集）

【註】 それぞれ人には棟梁に向く器量の人と、技術畑に向く大別二種の人材があるものです。これは小は家に大は一国においても言えることです。

## 22日 凡事徹底

知れたる事を知って行ふは聖人なり。
知らざることを知れといふは小人なり。

（金言集）

【註】 「凡事を非凡に徹底してやりつづける」のが聖人というものです。凡事を軽視して行わないのみか、知らないことを知っているとして得意然たる者が小人というものです。

## 23日 心の荒蕪を開く

我が道は、人々の心の荒蕪《こうぶ》を開くを本意とす。心の荒蕪一人開けるときは、地の荒蕪は何万町あるも、憂うるに足らざるなり。

（金言集）

【註】人の心の荒蕪を開くのを「心田開発」とも言われました。まず「心田開発」によって「荒地開拓」は容易にできると確信しておられました。

## 24日 四つの大恩

訓　戒

忘るなよ天地のめぐみ君と親
　我と妻子を一日なりとも

（二宮翁道歌）

【略解】われわれがこの世にこうして安泰に生存し生活できるのは四大大恩のおかげである。まず第一は天地大自然の恩。第二に、国家社会の恩すなわち君恩。そして第三は親祖先の恩。そして第四は妻子すなわち家庭の恩である。

## 25日 一長一短

世の中は捨てあじろ木の丈くらべ
夫是《それこれ》ともに長し短し

（二宮翁道歌）

【略解】　あじろ木とは、網代《あじろ》をささえるための川の瀬に打つ杭のこと。その捨て杭を活かし使おうと思うが、適当な長さの杭はなかなか見当らぬものです。世の中はすべて一長一短で思うようにならぬもので、決して自分が十分満足するようなことは無いものだと、覚悟の肚を決めねばなりません。

## 26日 陰中陽あり

北山は冬季にとぢて雪ふれど
ほころびにけり前の青柳

（二宮翁道歌）

【略解】　北の奥山はいまなお冬に閉ざされて、積雪が見られるが、前の川端の柳は、はや青芽が出しそめているということで、陰陽の理が示されている。陰中陽あり、陽中陰ありで、天運循環の営みが感じられる。冬季に春の前兆あり、土用半ばにして秋風が立つようなものです。人間の運命も家運もまた同じ。

## 27日 富士の山

曇らねば誰がみてもよし富士の山
　うまれ姿でいく世経るとも
（二宮翁道歌）

【略解】 晴れてよし曇りてもよし富士の山ということばはあるが何といっても晴れた日の秀峰富士の山は、まことに、神州日本のシンボルともいうべきである。永劫末代の至宝ともいうべきである。

## 28日 生死一如

生死《いきしに》はうてばひびくの音ならん
　うたねばおとのありや無しやは
（二宮翁道歌）

【略解】 生者必滅といい、不生不滅というが、ともかくも生死一如の真実相を太鼓の音に托して詠まれたものです。打つと同時にひびく音響を例にとって人生最大の事実即真理を示されたものです。

## 29日 天命随順

吾れ始めて、小田原より下野《しもつけ》の物井の陣屋に至る。己れが家を潰して、田千石の興復一途に身を委《ゆだ》ねたり。是れ則ち此の道理に基づけるなり。夫《そ》れ釈氏は、生者必滅を悟りこの理を拡充して自ら家を捨て、妻子を捨て、今日の如き道を弘めたり。只此の一理を悟るのみ。（報徳記）

【略解】「則ち此の道理」とは、「生者必滅」の理と共に「天命随順」の道理である。天から与えられたその使命の自覚による決心覚悟を指す。

## 30日 我欲を伐る

或人先生に問ひて曰く、先生其の未発を察し、教《おしえ》を下し、毫毛の差《たが》ひなきものは何ぞや。先生曰く、夫《そ》れ大風の興るや木に触れて以て動揺止まず、その木を伐るに及びては暴風と雖も之に触るることあたはざるは自然にあらずや。（中略）源左衛門わが言を用ゐず、欲を以て之に応ず。故に亡滅を免れず。藤蔵欲を伐りて更に私念なし、故に多欲も之に触るること能はずして全き事を得たり。（報徳記）

【註】尊徳翁の偉大な洞察力の一例です。

# 31日 神変自在

先生事に臨みて其の術を施すの神算窮り無し。初め此の役を挙ぐるや、始終多く酒餅を設け、酒を好むものは之を飲め、酒を好まざるものは餅を食せよ。唯過酒すべからず。半日働きて止めんとする者は、一朱を受けて家に帰りて休すべしと。役夫大に悦びその労を忘る。時の人この役を唱へて極楽普請と云ふ。（報徳記）

【註】 先生の時に応じ事に応じての神変自在に驚かざるを得ません。

二宮金次郎

（文部省唱歌）

一、

柴刈り縄ない草鞋をつくり、
親の手を助《す》け弟を世話し、
兄弟仲よく孝行つくす
手本は二宮金次郎

一、

骨身を惜《おし》まず仕事をはげみ、
夜なべ済まして手習読書、
せわしの中にも撓《たゆ》まず学ぶ、
手本は二宮金次郎

# 6　月

掛川駅前に立つ二宮金次郎像

## 1日 天徳に報ゆる

常に天徳に報ゆる無ければ常に天徳を失う
常に天徳に報ゆる有れば常に天徳を得る
　　○
常に文徳に報ゆる無ければ常に文徳を失う
常に文徳に報ゆる有れば常に文徳を得る
　　○
常に婦徳に報ゆる無ければ常に婦徳を失う
常に婦徳に報ゆる有れば常に婦徳を得る

（報徳訓）

【略解】すべては感恩報徳の一語に尽きるとの教えです。

## 2日 人道の極み

予は人に教ふるに、百石の者は五十石、千石の者は五百石、総《すべ》てその半《なかば》にて生活を立て其の半を譲るべしと教ふ。（中略）各々明白にして、迷なく疑なし。此の如くに教へざれば用を成さぬなり。我が教是れ推譲の道と云ふ。則ち人道の極みなり。

（夜話七七）

【略解】まさに単純明解です。迷うことなかれ、疑うことなかれです。

## 3日 推譲にも次第あり

一石の者五斗譲るも出来難き事にはあらざるべし。如何となれば我が為の譲なればなり。この譲は教《おしえ》なくして出来安し。是より上の譲は、この譲は教によらざれば出来難し。是より上の譲とは何ぞ。親戚朋友の為に譲るなり。郷里の為に譲るなり。猶出来難きは、国家の為に譲るなり。（夜話七九）

【略解】　分度の推譲にもいろいろある。自分のため、わが子孫のためは出来やすいが、それ以上は教に由る一心決定がある者のみが出来る。

## 4日 守成また難し

創業は難し、守るは易しと。守るの易きは論なしといへども、満ちたる身代を、平穏に維持するも又難き業なり。譬《たと》へば器に水の満ちて、之を平《たいら》に持て居れと、命ずるがごとし。（夜話一四二）

【略解】　創業はもとより難しいが、この守成もまたある面で難しい。後継者は、心して身心の姿勢を正して取り組むほかないでしょう。

## 5日 根の力

樹木を植えるに、根を伐る時は、必ず枝葉を切り捨つべし。根少なくして、水を吸う力少なければ枯るる物なり。大いに枝葉を伐りすかして、根の力に応ずべし。然《し》かせざれば枯るるなり。（夜話一四五）

【略解】 樹木の植え替えと同じく、生活経済力に変動のあるときは、大いに暮らし方を縮小すべきです。

## 6日 贋《にせ》の学問

学者書を講ずる、悉《くわ》しといへども、活用する事を知らず。いたずらに仁は云々、義は云々と云へり。故に社会の用を成さず。ただ本読みにて、道心法師の誦経《じゅきょう》するに同じ。（夜話二一三）

【略解】 真の学者とニセ学者との違いを指摘されました。

## 7日 譲の道（一）

終身労して、安堵の地を得る事能はざるは、譲る事を知らず、生涯己が為のみなるが故に労して功なきなり。たとひ人といへども、譲の道を知らず。勤めざれば、安堵の地を得ざる事、禽獣《きんじゅう》に同じ。（夜話一七七）

【略解】 人生最後の安心立命は利他の行いすなわち推譲の行いの如何にあると言えましょう。

## 8日 譲の道（二）

仍《よっ》て人たる者は、智慧は無くとも、力は弱くとも、今年の物を来年に譲り、子孫に譲り、他に譲るの道を知りて、能く行けば、其の功必ず成るべし。其の上に又恩に報《むく》うの心掛けあり。是れ又知らずば有るべからず。勤めずば有るべからざるの道なり。（夜話一七七）

【略解】 人間として大事なことは推譲と報恩の心がけとも言えましょう。

## 9日 大海航海の術

世上一般、貧富苦楽をいひ、噪《さわ》げども世上は大海の如くなれば、是非なし。只水を泳ぐ術の上手と下手とのみ。時によりて風に順風あり逆風あり。海の荒き時あり穏やかなる時あるのみ。されば溺死を免《まぬ》がるるは、泳ぎの術一つなり。世の海を穏やかに渡るの術は、勤と倹と譲の三つのみ。

（夜話一五九）

【略解】　人生の大海を無事平穏に航海する秘義は、勤労・節倹・推譲の三大原理の実践にあるとされる。

## 10日 心眼を開く

夫《そ》れ天地の真理は、不書の経文にあらざれば、見えざる物なり、此不書の経文を見るには、肉眼を以て、一度見渡して、而《しか》して後肉眼を閉ぢ、心眼を開きて能く見るべし、如何なる微細の理も見えざる事なし、肉眼の見る処は限《かぎり》あり、心眼の見る処は限なければなりと。

（夜話四五）

【略解】　肉眼だけでは天地の理法は見えない。心眼をもってしなければ天地の理法は永遠に門戸を開いてくださらないとの意。

## 11日　親への孝

人の子たる者は宜《よろ》しく父母の心を安んずるを以て要と為すべし。苟《いやし》くも父母の心を安んぜんと欲すれば宜しく心を正しうし身を修むべし。（語録一五八）

**【略解】**　かねてより「孝は百行の基《もとい》」と言う。また「孝は神明に通ず」とも言う。また「眼《まなこ》を閉じてトッサに親の祈り心を察する者これ天下第一等の人材なり」（徳永康起）と。

## 12日　不動の徳

日夜炎炎たる欲情の中にあって毅然として動かざるは不動の徳なり。能く不動の徳を修むれば何の家を喪い国を亡すことか之あらん。（語録二一九）

**【略解】**　尊徳翁はひそかに成田の不動尊にて、水浴断食修行に従事し、不動の徳を誓願せられたのです。

## 13日 わが助貸法

叔世《しゅくせい》国家の患は荒蕪《こうぶ》と負債とにあるのみ。苟《いやし》くも此の二患を除かんと欲すれば我が助貸法に若《し》くはなし。（中略）苟くも我が法に頼らば以て荒蕪負債の二患を除き、国家をして豊寧《ほうねい》に帰せしむべきなり。

（語録二八四）

【略解】荒蕪とは、荒れはてた土地。負債とは、借財で、この荒地と借財が、国家の二大病患で、これを除去するには、助貸法すなわち無利息貸付法が唯一の対策であるとされた。叔世とは末の世。

## 14日 貧民の救済

村長若《も》し謙譲を主とし、奢を禁じ、約を守り、分を縮し財を推《お》し、以て貧民を済《すく》わば則ち貧民感動し、歆艶《きんえん》依頼の念消して、勤労を厭《いと》わず、悪衣悪食を恥じず、分を守るを以て楽と為す。然らば則ち汚俗を洗い、廃邑《はいゆう》を興す、何の難きことか之れあらん。

（語録二九〇）

【略解】歆艶《きんえん》依頼の念とは、むさぼり、うらやみ、たよる心を指す。村長自身の生き方を正すことによって、貧民への感化影響、ひいては、廃村興隆につながることになる。

## 15日 勤労を以て貴しと為す

茅《かや》を生ずるの地も之を開けば則ち麦《むぎ》を生ずるの圃と為り、之を蕪《あら》せば則ち茅を生ずるの地と為る。均《ひと》しく是れ一地なり。人力用うれば則ち麦と為り、天然に在せば則ち茅となる。是の故に人道は勤労を以て貴しと為す。

（語録二八八）

【略解】「和を以て貴しと為す」の一語がある如く、「勤労を以て貴しと為す」の一語はよく心に納得される例話です。

## 16日 小事を務むべし

大事を成さんと欲すれば宜《よろ》しく先ず小事を務むべきなり。大事を成さんと欲して小事を怠り其の成り難きを憂えて、成り易きを務めざるは小人の常なり。小事を務めて怠らざれば則ち大事必ず成る。小事を務めずして怠る者は庸《いずく》んぞ大事を成すを得んや。

（語録三〇二）

【略解】「積小為大」の日常実践の威力はいかほど力説しても力説すぎることはない。

## 17日 善因善果

佛に所謂《いわゆる》因果とは何ぞや、種を播《ま》けば実を結ぶ是れなり。夫《そ》れを善因に善果あり、悪因に悪果あり。人皆之を知る。然れども目前に見《あら》われずして数十歳の後に見わる。故に人之を畏れず。況《いわ》んや前世の因縁に於てをや。（語録三〇五）

【略解】　よき種子を蒔けばよき実を結ぶという単純明快な哲理を軽んずるなかれということです。

## 18日 倹勤富に至る

倹勤愚の如しと雖《いえど》も、而《しか》も其の為す所必ず成る。奢怠《しゃたい》賢に似ると雖も、而も其の為す所必ず敗る。是れ倹勤富に至り、奢怠貧に陥る所以《ゆえん》なり。（語録六七）

【略解】　倹の反対は奢、勤の反対は怠。奢すなわち贅沢を避け、怠すなわち怠慢をさけて倹勤に精を出す、これが貧富の岐れ路ということ。

# 19日 後世のために

樹木を植うるや、三十年を経ざれば、則ち材を成さず。宜《よろ》しく後世の為に之を植うべし。今日用うる所の材木は則ち前人の植うる所。然らば安《な》んぞ後人の為に之を植えざると得ん。夫《そ》れ禽獣は今日の食を貪るのみ。

（語録六八）

【略解】　後世のために樹を植えるべしの教えは、まことに傾聴すべき卓説です。

# 20日 嵐吹や

○　嵐吹《ふく》や烏の中に鷺まじり

○　田畑のみのる今宵の月夜かな

○　馳馬《はせうま》に鞭打いづる田植かな

（報徳要典）

【略解】

・嵐吹や…嵐ふく予兆を知らす烏の一群のおかげで鷺も救われているの意。

・田畑の…田畑の豊作を喜ぶような今夜の月はなおうれしい。

・馳馬に…気のはやる馬を制御しつつ田植えの準備の開墾よ。

## 21日 古聖の丹誠

今の艱難《かんなん》を以て古聖草創の丹誠を悟るべし。

○

亭々として雲に聳《そび》ゆる大木は昔一粒の種子なり。

○

一理を学べば一理を行へ。

（金言集）

【註】 とりわけ「一理を学べば一理を行へ」の教えは心魂に徹する教えです。

## 22日 神儒佛の働き

神道は興国の道なり。儒教は治国の道なり。佛法は治心の教なり。

○

善言を聞いて直ちに行ふは人より樹種を贈られて直ちに蒔く如し。後必ず大木となるなり。

○

漬物の切り様にてもその人の用意を知るべし。

（金言集）

【註】 神道と儒教と佛法の教えの特色をよくとらえておられます。尊徳翁の教えは神儒佛一粒丸とも仰せられた。

## 23日　通すべきを通す

心の内に関を置き、自ら己の心を以て己の心を吟味し通すべきを通すべし。通すべからざるを通す勿《なか》れ。

〇

桜は一年に一度花咲けども花の名を得て人に愛せらる。人も善事を為して花の名を取らずんばあるべからず。

（金言集）

【註】　心の関所を設けるとは自己の生活規律を立てこれを守りきるということ。

## 24日　片楽を棄てて全楽を取る

我道は常に片楽を棄てて全楽を取るに在り。衆生をして片楽を免かれ全楽を得しむ。これを済度の第一といふ。

〇

人々各々受け得る恩を以て譲るべし。然らば四海父子の如くならん。

（金言集）

【註】　片楽とは一時的な楽しみということで、衆生済度とは長久の真楽を体得せしめるにある。

## 25日 専心没頭

身をすててここを先途《せんど》と勤むれば
月日の数もしらで年経《としへ》ん
（二宮翁道歌）

**【略解】** 先途とは物事の最後ということ。譬《たと》えて言えば、自分に与えられた仕事を、今生最後の仕事として専心没頭すれば、月日の経つのも忘れて、いつしか一年が過ぎてしまうということで、「仕事の報酬は仕事である」という先人の言葉が思い出されます。

## 26日 無碍自在

西にせよ東にもせよ吹く風の
さそふ右へとなびく青柳《あおやぎ》
（二宮翁道歌）

**【略解】** 西風にしろ、東風にしろ、いずれの風の吹くままに、なびきさからわぬ青柳の姿を歌ったものですが、無碍《むげ》自在な柔軟心を歌いあげたものです。論語に「意なく必なく固なく我なし」とあるように、我意、私欲、固定観念やわがまま、気ままを戒めたものです。

## 27日 一切全托

おのが身は有無の湊《みなと》の渡し船
　ゆくも帰るも風にまかせて
（二宮翁道歌）

**【略解】** 有無の湊とは、生から死への港を意味し、人生とは、まさに生から死への渡し船のようなもので、その往来は、風という天意に一切全托するほかないとも言えましょう。人事を尽くして天命を待つとも、天命に従い人事を尽す生き方の両面を示すともいえます。

## 28日 生々息まず

先生諭して曰く、汝《なんじ》富を得るの道を知らざるが故に窮せり。夫《そ》れ天地の運動頃刻《けいこく》の間断あるなし。この故に万物生々息《や》まず。人之に法《のっと》り、間断なく勉励する天の運動の如くならば、困窮を求むると雖《いえど》も得べからず。
（報徳記）

**【註】** 日々勤労を重んずる刻苦勉励こそは、人間の第一の勤めである。

## 29日 天之れを悪む

先生少しく色を和《やわ》らげて曰く、嗚呼《ああ》積善積不善に由《よ》りて禍福吉凶を生ずること聖人の確言何んぞ疑はんや。(中略)夫《そ》れ孫右衛門の家、天明度の凶飢《きょうき》に当り、汝が家財に富めるを以て弥々《いよいよ》救助の心なく、高価に粟《ぞく》をひさぎて独り利を専《もっぱ》らにし、益々富をなせり。天之を悪《にく》み鬼神之を捨てむ。一家の廃絶この時に作《おこ》れり。(報徳記)

【註】「積善の家に余慶あり、積不善の家に余殃《よおう》あり」の名言通りです。

## 30日 分度を立て節度を守る

先生細川侯の憂慮を察し、玄順に謂ひて曰く、我が小田原の臣として外諸侯の政事を談ずる事能わず、然りと雖《いえど》も君明らかに仁心あり、(中略)已《や》むを得ずんばわれ一言を呈せん。此の禍何に由て生ずるや、唯国に分度立たざるの過《あやまち》なり。国に分度なき時は幾万の財を入るるといへども、破桶に水を入るるが如く一滴も保つこと能はず。今子の君家、極難なりと雖も明かに分度を立て節度を守り仁術を行ふ時は、国の興復難しとせず。(報徳記)

【註】「分度を立て、節度を守り、仁術を行う」——国家興隆の道なりとの真言です。

# 7　月

史蹟桜町陣屋阯の碑

## 1日 貧富訓

遊楽進ミ二分外一、勤苦退ケハ二分内一、
貧賤在リ二其ノ中一、
遊楽退キ二分内一、勤苦進メハ二分外一、
富貴在リ二其ノ中一

遊楽分外ニ進ミ、勤苦分内ニ退ケバ
貧賤其ノ中ニ在リ
遊楽分内ニ退キ、勤苦分外ニ進メバ
富貴其ノ中ニ在リ

（金言集）

**【略解】** 遊楽と勤労のあり方が貧富の岐れ路という単純明快な教えです。

## 2日 決心覚悟

予が歌に「飯と汁木綿着物は身を助く、其の余は我をせむるのみなり」とよめり。是れ我道の悟門なり。能々《よくよく》徹底すべし。予若年より食は飢を凌《しの》ぎ、衣は寒を凌いで足れりとせり。只この覚悟にして今日に及べり。わが道を修行し施行せんと思ふ者は、先づ能く此の理を悟るべきなり。

（夜話一二五）

**【略解】** 生活の最低基盤の確保、この自覚と決心覚悟のすごさを感得せしめられます。

## 3日　功徳天《くどくてん》と黒闇天《こくあんてん》（一）

涅槃《ねはん》経に此の譬《たと》へあり、或人の家に容貌美麗端正なる婦人入り来る。主人如何なる御人ぞと問ふ。婦人答へて曰く、我は功徳天なり。我れ至る所、吉祥福徳無量なり。主人悦んで請じ入る。婦人曰く、我に随従の婦人一人あり。必ず跡より来る是をも請ずべしと。主人諾《だく》す。時に一女来る。容貌醜陋《しゅうろう》にして至って見悪《みにく》し。如何なる人ぞと問ふ。この女答へて曰く、我は黒闇天なり。我至る処、不祥災害ある無限なりと、主人是を聞き大いに怒り、速かに帰り去れといへば、この女曰く、前に来れる功徳天はわが姉なり、暫くも離る事あたはず、姉を止めば我をも止めよ。我をいださば姉をも出せと云ふ。主人暫く考へて、二人とも出しやりければ、二人連立て出行きけり、と云ふ事ありと聞けり。（夜話二六）

**【略解】**　味わい深い譬えです。禍福一如ときくが、このようなものなのかと教えられます。

## 4日　功徳天《くどくてん》と黒闇天《こくあんてん》（二）

是《こ》れ生者必滅会者定離の譬《たと》へなり。死生は勿論、禍福吉凶、損益得失みな同じ。もと禍と福と同体にして一円なり。吉と凶と兄弟にして一円也。百事みな同じ。只今もその通り。通勤する時は、近くてよいといひ、火事だと遠くてよかりしと云ふ也。

（夜話二一六）

**【略解】**　深い人生の悟道観というべきか。

## 5日　災害に備へて

人世の災害凶歳より甚だしきはなし。而《しか》して昔より、六十年間に、必ず一度ありと云ひ伝ふ。左もあるべし。只飢饉のみにあらず。大洪水も大風も、大地震も、其の余非常の災害も必ず六十年間には、一度位は必ずあるべし。たとひ無き迄も必ず有る物と極めて、有志者申し合わせ金穀を貯蓄すべし。穀物を積み囲《かこ》ふは籾《もみ》と稗《ひえ》とを以て、第一とす。田方の村里にても籾を積み、畑方の村里にては、稗を囲ふべし。

（夜話一九四）

**【略解】**　「備えあれば患《うれ》いなし」の通り災害地変に備え貯蓄の必要を力説せられた。

## 6日　不止不転の理

夫《そ》れ此の世界、咲く花は必ずちる、散《ち》るといへ共又来る春は、必ずさく、春生ずる草は必ず秋風に枯る、枯るといへ共、又春風に逢《あ》へば必ず生ず、万物皆然り、然れば無常と云も無常に非ず、有常と云も有常に非ず、種《たね》と見る間に草と変じ、草と見る間に花を開き、花と見る間に実となり、実と見る間に、元の種となる、然れば種と成りたるが本来か、草と成りたるが本来か、是を佛に不止不転の理《ことわり》と云ひ、儒に循環の理と云ふ、万物皆この道理に外るる事はあらず。

（夜話一一三）

**【略解】**　佛教では不止不転の理といい、儒教では無限循環の理というが、種は草となり花咲き実となりまた種となる。この循環をくりかえしている。万象流転の理ともいえましょう。

## 7日 死生観の徹底

凡《およ》そ事は成行くべき先を、前に定めるにあり。人は生るれば必ず死すべき物なり。死すべき物と云ふ事を、前に決定すれば活きて居るだけ日々利益なり。是れ予が道の悟りなり。生れ出ては、死のある事を忘るる事なかれ。夜が明けなば暮るると云ふ事を忘るる事なかれ。（夜話四二）

【略解】 尊徳翁の死生観の徹底を教えられる。森信三先生の語に「念々死を覚悟して、始めて真の生となる」の語がある。

## 8日 迷悟一円

佛語に、本来東西無し、何れの処に南北ある、迷うが故に三界城《かいじょう》、悟るが故に十方空とあり、又一草を以て之を読まん。曰く、本来根葉なし、何れの処に根葉ある、植うるが故に根葉の草、実法《みの》るが故に根葉空し、呵々《かか》。（夜話六九）

【略解】「予一草を以て万里を究む」とあります。この草も初めは一粒の種子であります。種は一種の気であります。気が根葉実を発するわけであります。それにしても迷いとは比較相対の見方・考え方で悟りはそれを越えた絶対の世界です。迷中悟あり、悟中迷ありです。

## 9日　色即是空・空即是色

夫《そ》れ天地間の万物、眼に見ゆる物を色といひ、眼に見えざる物を、空といへるなり。空といへば何も無きが如く思へども、既に気あり。気あるが故に直ちに色を顕はすなり。譬《たと》へば氷と水との如し。氷は寒気に依って結び、暖気に因って解く、水は寒に因って、死して氷となり、氷は暖気に因って、死して元の水に帰す。生ずれば滅し、滅すれば生ず。有常も有常にあらず。無常も無常にあらず、此の道理を、色即是空・空即是色と説けるなり。（夜話六六）

【略解】　色から空へ、空から色へと循環無常の世界である。

## 10日　善因には善果あり

善因《ぜんいん》には善果あり、悪因には悪果を結ぶ事は、皆人の知る処なれども、目前に萌《きざ》して、目前に顕《あらわ》るる物なれば、人々能く恐《おそ》れ能く謹みて、善種を植え悪種を除くべきなれども、如何せん、今日蒔《ま》く種の結果は、目前に萌さず、目前に現れずして、十年二十年乃至四十年五十年の後に現るる物なるが故に、人々迷ふて懼《おそ》れず、歎《なげか》はしき事ならずや。（夜話一一九）

【略解】　善因善果、悪因悪果は天地の法則である。ゆめゆめ軽んじてはならない。長い目で見れば、必ず歴然たるものがある。お互いに慎しまなければならない。

## 11日 変に応じ変に備える

世治まると雖《いえど》も、而《しか》も変なき能わず。変ありと雖も、而も予備あれば則ち憂うるに足らず、変あって予備無ければ世遂に乱る。故に曰く、国三年の蓄《たくわえ》なき国其の国にあらずと。豈唯《あにただ》国のみならんや。家も亦然り。

（語録二九二）

【略解】 尊徳翁は「敢《あ》えて財を積むにあらず、変に応ぜんが為なり」といわれた。昔より「備えあれば憂いなし」という。

## 12日 根元の父母

何を根元の父母と謂う。吾が身の根元は父母にあり。父母の根元は祖父母にあり。漸々《ようよう》遡《さかのぼ》って之を推究せば則ち終に天地に帰す。故に太陽を称して根元の父母と為す。

（語録二九四）

【略解】 二宮翁の道歌に「昨日より知らぬあしたのなつかしやもとのちちはははましませばこそ」とあり、大宇宙根元生命をお慕い申しあげるのみである。

## 13日　己に克つ

孔子曰く、己に克ち礼に復《かえ》れば、天下仁に帰すと、私欲の身より生ずる之を己と謂う。なお蔓草の田畝に生ずるごとし。力を極め私欲を圧倒す。之を克と謂う。なお角《すも》力《う》して勝を制するがごとし。之を開墾《かいこん》に譬《たと》う。己に克つは闢荒《へきこう》なり。礼に復《かえ》るは播種《はしゅ》なり。（語録二九七）

【略解】　闢荒とは、荒地を開くこと。播種《はしゅ》とは種子を蒔くこと。すべて農耕を通して、具体的に教えてくださった。

## 14日　小を積んで大と為す

夫《そ》れ小を積めば則ち大と為る。万石《まんごく》の粟は則ち一粒の積、万町の田は則ち一耒《いちらい》の積、万里の路は則ち一歩の積、九仞《きゅうじん》の山は則ち一簣《いっき》の積なり。故に小事を務めて怠らざれば則ち大事必ず成る。（語録三〇二）

【略解】　一耒《いちらい》とは、田を耕すこと。一簣《いっき》とは、土を運ぶもっこのこと。「積小為大」の教えを徹底して説かれている。

## 15日 大極無極

周子の所謂《いわゆる》大極無極は何ぞや。思慮の及ぶ所、之を大極と謂い、思慮の及ばざる所、之を無極と謂う。画家に遠海波なく遠山木なきの法あり。是れ波なく木なきにあらず。蓋《けだ》し自力及ばざるなる。無極も亦然り。

（語録三〇四）

【略解】大極とは、万物の源とする本体を指す。宇宙生命の根源ともいえようか。

## 16日 武蔵の国

日本武尊《やまとたけるのみこと》東征凱旋の途、秩父武甲山《むこやま》に憩い給いて武器を蔵《おさ》め給う。故に武蔵国と称すと云う。徳川氏乱を壊《はら》って、而《しか》る後天下の武将を江戸に蔵《おさ》むるも亦武蔵と謂うべし。

（語録三一〇）

【略解】武蔵国の由来を初めて知り、成程と頷きました。それぞれ地名の由来がある事を知りました。

## 17日　天地の命分

万世にわたって易《かわ》らないのは、天地自然の命分なり。その間に生まれしもの、人でも、鳥獣でも、虫魚でも、草木でも、おのづから命分というものあり。たとへば、草木でいえば、あるいは小さくあるいは大きく、あるいは低い湿地に生じあるいは高い乾燥地に生じ、花を開くものあり、実を結ぶあり、これが草木の命分なり。また、虫魚でいへば、裸のものあり、羽毛のあるあり、うろこのあるあり、貝をかむるあり。

（報徳外記第一章）

**【略解】**　天地自然の命分とは天から与えられた天分であり使命であるということ。

## 18日　制するに道あり

天地にすでに命分あり、人類また命分あり、これもとより天理必至の符《しるし》にして、一完不変のものなり。その命にしたがい、その分を守るが人道の本なり。分を守るに道あり。度を立てるなり。度を立てるに道あり、これ節約なり。およそ国用を制するには、一年の歳入を四分してその三を用い、その一を余として貯蓄するなり。

（報徳外記第二章）

**【略解】**　天命に従いその天分を守るには分度の道あり。収入の四分の一の貯蓄法がこれです。

## 19日 勤にして倹、倹にして譲

およそ分度は人道の本にして、勤怠・倹奢・譲奪・貧富・盛衰・治乱・存亡の因って生ずるところなり。その分にしたがいその度を守を勤といい、その度を約《つづ》めて余財を生ずるを倹といい、その余財を他に推し及ぼすを譲という。勤にして倹、倹にして譲なれば、富盛に達す。国家富盛を得れば治まり、治まれば永く存続す。

（報徳外記第三章）

【略解】 勤・倹・譲につき要領よく説きつくされています。

## 20日 孝を問う

孝を問ふ、曰く父母に事《つか》へて我無き也。孝を問ふ、曰く父母の憂いを以て、わが憂いとなす。かくの如きは、父子一体なればなり。

（金言集）

【註】「父母ありて我あり」。わがいのちの根元に思いをいたせば、報徳の念が止むことはない。

## 21日　人となる道

鋼鉄は焼き、冷し、打ち、敲《たた》き、焼き、冷し、打ち、敲《たた》きて而《しか》して後、始めて折れず曲らむるものとなるなり。人も亦斯くの如し。

（金言集）

【註】「艱難《かんなん》辛苦」「百練万磨」を経ずして真に人たるを得ざるものなり。

## 22日　読書の心構え

書を読む者ぜひとも人を済《すく》ふの心を存しねばならぬ。何となれば、書は人を済ふの道を書き載せたるものなり。故に之を読んでその心を存しなければ、何の益があろう。

（金言集）

【註】世の学者の心すべき事として、真の学問は単に物知りになることではなく、救国済民の念がなければならない。

## 23日 日本を思う

おもへただ、から学びする人とても
我身をめぐむこの日《ひ》の本《もと》を
（二宮翁道歌）

【略解】 これは儒教や佛道その外、すべて外国の学問をする人々は、ややもすればわが日本の国の神道をうとんじ、わが国体の尊さを忘れがちだが、それは真の学問のあり方ではないと戒められました。

## 24日 雨か嵐かしらねども

この秋は雨か嵐かしらねども
今日のつとめの田草取るなり
（二宮翁道歌）

【略解】 今年の秋の収穫時に台風災害にあって大変な被害を蒙ることがあるかどうか予測できませんが、それはともかくも、現在の耕作に精一杯の尽力をするばかりです。

## 25日　遠き近きはなかりけり

見渡せば遠き近きはなかりけり
己々《おのれおのれ》が住処《すみか》にぞある

（二宮翁道歌）

【略解】　遠いとか、近いとかいうが、遠近は比較相対的なものです。京都は大阪の人にとっては近いが、東京の人にとっては遠いようなもので、立地立場の如何によって変わるものです。遠近のみに限らず禍福吉凶優劣得失すべてに通ずる相対的評価といえます。

## 26日　増減は器かたむく水

増減は器かたむく水と見よ
あちらに増せばこちら減るなり

（二宮翁道歌）

【略解】　般若心経に、不生不滅・不垢不浄・不増不減とあります。この不増不減の実相を、みごとに一首にまとめております。すべて万象はみな不増不減にして、一方が増せば一方が減り、一方が減れば一方が増し、全体からみて増減なく、無限循環の変化の鉄則を示すものであるということです。

## 27日 食を断じて議せん

先生顔色を正し声を励《はげま》して曰く、今幾万の飢民露命旦夕《たんせき》に迫れり。明日より各々断食して役所に至り、此の評議決せん迄は必ず食すべからず。今飢民の事を議するに、自ら食を断じて之を議せば其の可否論ぜずして自《おのずか》ら弁ぜん。それがしも亦断食して此の席に臨まん。（報徳記）

【略解】 飢民対策につき協議の際の心構えとあるべき態度を説く翁の気迫に圧倒される感あり。

## 28日 大久保侯の死

先生君侯の逝去し玉ふ事を聞き、慟哭《どうこく》悲歎流涕《りゅうてい》して曰く、嗚呼《ああ》我が道すでに斯《ここ》に窮せり。賢君上に在《い》まし我をして安民の道を行はしむ。臣始めて命を受けしより十有余年千辛万苦を尽せるは何の為ぞや。上《かみ》明君の仁を拡め下《しも》万民に其の沢を被らしめんとするのみ。豈《あに》他あらんや。（報徳記）

【略解】 明君大久保侯と尊徳翁との間柄は、肝胆相照の仲だっただけにその哀惜の情は察するに余りあるものがあります。

## 29日　救荒の道

先生曰く、礼に云く、

国ニ無キヲ二九年之蓄一曰ヒ二不足ト一

無二六年之蓄一曰ヒレ急ト

無二三年之畜一曰フ三国非ズト二其ノ国ニ一

夫《そ》れ歳入の四分が一を余し之を蓄へ、水旱荒年盗賊衰乱の非常に充《あ》つるもの聖人の制にあらずや。事予《あらかじ》めする時は救荒の道何ぞ憂ふる事之あらん。

（報徳記）

**【略解】**「三年の蓄財なければ国にして国にあらず」と説かれた尊徳翁の備蓄救荒の心構えを学ぶべきであります。

## 30日　異動の戒め

先生曰く、斯《ここ》に道あり。断然として在職中の奢《おご》りを改め、衣服器財金銀に至るまで一物も余さず之を出し、一藩の貧人に贈り奉仕の用に当てしむべし。必ず某の不忠の如くなる事勿《なか》れと一言を残し、妻子共に歩行して一物を携へず一僕を連れず小田原に帰り、縁者の助力を得て艱苦を尽すべし。

（報徳記）

**【註】**栄職にあった者が帰国に際し戒められた言葉で、生活の即時切りかえを説諭されました。

## 31日　万物止まることなし

先生曰く、万物一も其の一処に止まることあらず、四時の循環するが如し。人事富む時は必ず奢《おご》りに移り、奢る時は貧しきに移り、貧極《きわ》まる時は富に赴《おもむ》くもの是れ自然の道ならずや。今下館貧困極まれり。何ぞ再盛の道を生ぜざらん。（報徳記）

【註】「陰極まって陽に転ずる」の理を諭し励まされました。

# 8　月

桜町陣屋（栃木県二宮町）

## 1日 無一物

本来人の生るる時は、一物も持参する者に非ず、又死する時も持ち往く者に非ず。裸にて帰る者なり。しかるを、わが物となすは、知らず、無を悟らざる人なり。

（報徳記）

**【略解】**「本来無一物」という禅語あり。「一切放下」という佛語あり。

## 2日 克己の道

論語に己れに克《かつ》て礼に復《かえ》れと教えたるも、佛にては見性といひ、悟道といひ、転迷と云ふ。皆これ私を取り捨つるの修行なり。この私の一物を取捨つる時は、万物不生不滅不増不減の道理も又明らかに見ゆるなり。此の如く明白なる世界なれども、この己れを中間に置きて彼と是とを隔つる時は、直ぐその座に得失損益増減生滅等の種々無量の境界現出するなり。恐るべし。

（夜話続四二）

**【略解】**不生不滅・不増不減の絶対必然の世界なれど、その中間に自己の立場を置く時、得失・損益・増減の相対的世界に堕す。

## 3日　循環変化の理

或問う「春は花秋は紅葉と夢うつつ寝ても醒めても有明の月」、とは如何なる意なるや。翁曰く、是は色即是空・空即是色、と云へる心を詠めるなり。夫《そ》れ色とは肉眼に見ゆる物を云ふ。天地間森羅万象これなり。空とは肉眼に見えざる物を云ふ。所謂《いわゆる》玄の又玄と云へるも是なり。世界は循環変化の理にして、空は色を顕はし、色は空に帰す。皆循環の為に変化せざるを得ざる是れ天道なり。（夜話一四八）

**【略解】**　循環変化の理をあざやかに説かれるところ、哲人尊徳翁の面目躍如である。

## 4日　一陰一陽

凡《およ》そ世の中は陰々と重なりても立たず、陽々と重なるも又同じ。陰陽々々と並び行るるを定則とす。譬《たと》へば寒暑昼夜水火男女あるが如し。人の歩行も右一歩左一歩、尺蠖《しゃくとり》虫も、屈みては伸び、屈みては伸び、蛇も左へ曲り右に曲り此の如くに行くなり。（夜話一六〇）

**【略解】**　この陰陽の理を説かれるのが易経であり、「一陰一陽」「極陰陽転」、易は万物循環変化の理を説く。

## 5日　己が心に異見すべし

汝国に帰らば決して人に説く事を止《とど》めよ。人に説く事を止めて、おのれが心にて、己が心に異見せよ。己が心に異見するは、柯《か》を取って、柯を伐るよりも近し。もと己が心なればなり。夫れ異見する心は、汝が道心なり。

（夜話三七）

**【略解】**　尊徳翁は、人に説くより自分自身に説くべしと教えられた。行住坐臥油断なく自分自身に異見すべしと。斧《おの》の柄をとって枝を払うより簡単なことである。柯とは斧の柄であり枝を意味する。

## 6日　修身斉家を第一とす

不仁の村を、仁義の村にする、甚だ難しからず。先ず自分道を踏んで、己が家を仁にするにあるなり。己が家仁にあらずして、村里を仁にせんとするは、白砂を炊《かし》いで飯にせんとするに同じ。己が家誠に仁になれば、村里仁にならざる事なし。

（夜話三九）

**【略解】**　すべて改革改善は、修身・斉家より始めよとの仰せである。

## 7日 心の開拓

夫《そ》れ我が道は、人々の荒蕪《こうぶ》を開くを本意とす。心の荒蕪一人開くる時は、地の荒蕪は何万町あるも憂ふるにたらざるが故なり。汝が村の如き、汝が兄一人の心の開拓の出来たるのみにて一村速かに一新せり。大学に明徳を明らかにするにあり。民を新たにするにあり。至善に止《とどま》るにありと。明徳を明らかにするは心の開拓を云ふ。

（夜話五九）

【略解】一人の心の開拓の力の偉大さを物語るものである。

## 8日 恭謙おのれを持す

己を恭《うやうや》しくするとは、己が身の品行を敬《つつし》んで堕《おと》さざるを云ふ。その上に又業務の本理を誤らず、正しく温泉宿をするのみ。正しく旅籠屋《はたごや》をするのみと、決定して肝に銘ぜよ。此の道理は人々皆同じ。農家は己を恭しくして、正しく農業をするのみ。商家は己を恭しくして、正しく商法をするのみ。工人は己を恭しくして、正しく工事をするのみ、この如くなれば必ず過ちなし。

（夜話七六）

【略解】かつて明治政府発布の「教育勅語」に「恭謙《きょうけん》おのれを持し」とありました。

## 9日 異変にも対応

凡《およ》そ事を成さんと欲せば、始めに其の終りを詳《つまび》らかにすべし。譬《たと》へば木を伐るが如き未だ伐らざる前に、木の倒るる処を、詳らかに定めざれば、倒れんとする時に臨んで如何共仕方無し。故に予印《いん》旛《ば》沼を見分する時も、仕上げ見分をも、一度にせんと云ひて、如何なる異変にて、失敗なき方法を工夫せり。

（夜話一六五）

【略解】　どのような異変にも対応できるよう、始終をよく見極めることが大切である。

## 10日 推譲それぞれ

今年の物を来年に譲るも譲なり。則ち貯蓄を云う。子孫に譲るも譲る也。則ち家産増殖を云う。その他親戚にも朋友にも譲らずばある可からず。村里にも譲らずばある可からず。国家にも譲らずばある可からず。資産ある者は確乎と分度を定め法を立て能く譲るべし。

（夜話七七）

【略解】　推譲にもそれぞれがあっていいわけだが、これも分度を守ることが大切である。

## 11日　人の長所を友とすべし

論語に己れに如かざる者を友とする事勿《なか》れとあるを、世に取違へる人あり、夫《それ》人々皆長ずる所あり、短なる所あるは各〻免れ難きなり、されば其人の長ずる所を友として、短なる所を友とする事勿れの意と心得べし、（中略）多くの人には短才の人にも手書きあるべし、世事には疎きも学者あるべし、無学にも世事に賢こきあるべし、無筆には農事に精しき有るべし、皆其長所を友として短所を友とすること勿れの意なり。

（夜話続四一）

【略解】　人には少なくとも一点の長所美点がある。それを認めて友とすべきである。

## 12日　天地の大父母

天地の大父母なり。国家困窮せば則ち大父母を頼むの外、復《また》他術あるなし。苟《いやし》くも大父母を頼まば、則ち興復せざるを憂えん。何を大父母を頼むと謂う。荒蕪《こうぶ》を墾闢《こんぺき》し、穀粟《こくぞく》を産出する、是れなり。

（語録二一四）

【略解】　荒地を開墾し、穀物を産出させることこそ、天地の父母に祈誓する道である。

## 13日　衰時の分を弁《わきま》え守る

国家衰廃に陥ると雖《いえど》も、而《しか》も衰時の分を弁《わきま》え、固く之を守り、以て我が道を行わば、則ち其の余徳は終に天下に及ぶべきなり。若《も》し夫《そ》れ其の分を知らざれば則ち千万金ありと雖も、而も尚足らず。終に衰廃に陥り、亡滅を免れざるなり。（語録三〇八）

【略解】　衰時の分をよく納得領解しそれを守りきれば、衰廃もおそるるに足らずと説いておられる。

## 14日　耐忍第一

大任を負う者は誹謗蜂起《ひぼうほうき》して事業将に壊れんとするあり。此の時に当り、極力耐忍して必ず惑う勿《なか》れ。暴風驟雨《しゅうう》も日を終えず、逆変じて順至るも亦期すべきなり。（語録三一一）

【略解】　大任を背負う者は　いかにそしられようとくさされようと、耐忍徹底すべしと教えられる。

## 15日　喜声腹より出ず

腹より出ずる者は喜声なり。背より出ずる者は悲声なり。世の商議する者悲声を発すれば、則ち事成らず。喜声を発すれば則ち事成る。鶏《とり》難に遇えば、則ち悲声を発す。是れ背より出づるなり。時を報ずるは、則ち喜声を発す。是れ腹より出づるなり。

（語録三一七）

【略解】　鶏の声を通して声は腹から出すべしと教えられる。

## 16日　天地の霊気

人体は天地の霊気に成る。故に私にあらざるなり。然《しか》り而して其の恩を知らず、其の報を念わず。妄《みだ》りに私欲を擅《ほしいまま》にする者は天地必ず之を罰す。畏れざるべけんや。慎まざるべけんや。

（語録三二一）

【略解】　「人体は天地の霊気に成る」この一語、また「根元の父母あればこそ」の一語はゆめゆめ忘れてはいけない。

## 17日 天道と人道

田圃《でんほ》の荒るるは、天道自然なり。耕耘《こううん》怠らずして、荒さざるは、人道なり。堤の潰《くづ》るるは、天道自然なり。之を堰《せき》て怠らざるは人道なり。居室の破損するは天道自然なり。之を造作して怠らざるは人道なり。人心放僻奢侈《しゃし》に流るるは自然なり。仁義礼譲を以て之を教へ之を防ぎ怠らざるは人道なり。人道の要務は私欲を制して能く勤動し、節倹を守って仁義を行ふにあり。（報徳論）

【略解】天道と人道の意義をこれほど明確に示されると、納得領解せざるを得ません。

## 18日 鎌を磨く

田畑を開かんには先づ鎌を磨け、然らば草は容易に刈られん。（金言集）

【註】「一鎌を重ねて苅り怠らざる」の語がありますが、それにはまず鎌を磨くよりほかはない。

## 19日　飽食の戒

珍味と雖《いえど》も飽食すること勿《なか》れ。其の甚しきに及んでは、病を起して死に至る。是れ天理なり。

（金言集）

【註】粗衣粗食を自ら実行せられた翁の面目躍如である。

## 20日　借金の禍

借金を隠蔽《いんぺい》するは益々借金を増長せしむるの途なり。宜しく之を神棚に飾りて、念々返済を心かくべし。

（金言集）

【註】借財返済をまず日夜に念じ心がけるべきである。

## 21日 仁徳の道

古道《ふるみち》につもる木の葉をかきわけて
天照す神のあしあとをみむ
（二宮翁道歌）

【略解】 古道とは、天照大御神の大道すなわち日本の道です。木の葉とは儒教佛教をはじめ、もろもろの教えの書籍をたとえております。そうした教えの数々も大切であるが、日本古来の大道である古神道の示すご仁徳の道を忘れてはなりません。

## 22日 共生共楽こそ真

ちうちうと歎き苦しむ声きけば
鼠《ねずみ》の地獄猫の極楽
（二宮翁道歌）

【略解】 この歌は、鼠と猫の関係のように、一方の憂患が一方の喜楽となるような、禍福憂歓は、真の福でもなく、真の吉でないということを示されたものです。彼の喜びが我の喜びであり、彼の悲しみが我の悲しみであるというのがあるべき姿で天地と親子と夫婦と農業の道のように共生共楽がこれを示しております。

## 23日 天はこれを知る

丹誠は誰しらずともおのづから
秋のみのりのまさる数々
（二宮翁道歌）

【略解】　百姓が農事に精魂を傾け、耕作し、手入れをしたならば、誰れ知る者がなくとも、天は彼の行いを知るゆえに、秋の収穫において歴然たる差がみられることは明らかである。これは農業だけの問題でなく、世上百般、みな同様のことであるという理を示されたものです。

## 24日 心の浄化法

日々《にちにち》に積る心のちりあくた
洗いながして我を助けよ
（二宮翁道歌）

【略解】　毎日毎日知らないうちに心の塵《ちり》や垢がつもりつもっているものです。この心の浄化に心がけねばなりませんが、身の回りの整理・整頓・清掃こそ一つの重要な心の浄化につながることを知り、実行すべきでありましょう。

## 25日 一汁一菜

翁は巡視中、時々民家に泊まられることがあった。当時農民が官吏に対する取扱いは、極めて叮重であり、翁に対しても、官吏同様に、相当の膳部《ぜんぶ》を供するものがあり、翁はいかにも不機嫌な様子で、「予は一汁一菜に甘んずべきことを奨励しているから、予に対してはかかる馳走を設くるに及ばず」と言われ、一菜のみ箸をつけられ召し上がられた。

（逸話集）

【註】 尊徳翁の面目躍如たる感あり。

## 26日 神棚に銘記すべし

人は誰でも借金が出来ると、隠したがるもので、そのうちだんだん殖えて行くのである。それ故翁は、「負債の出来たときは、大神宮の神棚へ其の負債の総額を書いて張りつけておけ、之れ負債を滅却する方法である」といわれたとのこと。これならば必ず負債が償還できるだろう。さすがに穿った着目である。

（逸話集）

【註】 この着想も尊徳翁の慈言にして借財返済を第一に心がけるべきという教えである。

## 27日　終日督励

物井桜町より青木村までは道程三里余りであるが、翁は六十余歳の老体にして矍《かく》鑠《しゃく》たること壮者に劣らず、徒歩未明に青木村に至り自ら鍬をとって役夫を指揮しつつ荒地の開墾に従事し終日督励して倦まず、日没頃疲労せる様子もなく桜町に帰るのを常とせられた。

（逸話集）

**【註】**　超人的労作の陰に不撓不屈の強靭な意志力を感ぜしめられる逸話です。

## 28日　上に立つ者の覚悟

翁曰く、この艱難《かんなん》の時に当り太夫たるもの上下の為に一身を責めて人を責めず大業を行ふの道なり。然しただ之を行ふ事のあたはざるを憂いとせり。この道を行はずして、人の上に立ち高禄を受け、弁論を以て人を服せしめんとせば、益々怨望盛んにして国家の殃《わざわい》いよいよ深きに至らん。何を以て衰国を挙げ上下を安んずることを得んや。

（報徳論）

**【略解】**　「わが身を責めて人を責めず」この一カ条は大業に従事する者は心すべきことです。

## 29日 聖人の政

施《ほどこ》すことを先んずる時は国盛んに民豊かなり。人民之に帰し上下富饒《ふじょう》にして百世を経《ふ》るといへども国家益々平穏なり。聖人の政《まつりごと》は仁沢を施すを以て先務として、敢て心を取ることに用ゐず。暗君は取ることを先として施すことを悪《にく》む。治平乱暴の由って起る所皆斯にあらざるものなし。今相馬の政、施すを以て先と為すか、取るを以て先と為すか。

(報徳論)

【註】「仁沢を施すを先務とす」。この一語は味わい尽きざるものである。

## 30日 一鍬を重ねる

先生曰く凡そ細を積みて大を為し、微を積みて広大に至るもの自然の道なり。譬《たと》へば天下の耕田の如し。幾億万町といへども春耕秋収一畝《せ》の余すことなき者何ぞや。他なし一鍬《しゅう》を重ね以て耕し一鎌を重ねて以て苅り怠らざるに在るのみ。況んや荒蕪《こうぶ》の地一鍬を積みて以て怠らざれば、幾万の廃地といへども之を挙ぐるに何の難きことかえあらん。

(報徳論)

【註】「荒地の開拓は一鍬を重ねるよりほかなし」の語は心に銘ずるものがある。

# 31日 一鍬一邑

先生曽《かつ》て曰く、凡そ事を成さんとして成就せざるものは速《すみや》かなることを欲し、一挙にその業を遂げんとするが故なり。幾万の廃地を開かんとするも一鍬《しゅう》より始め、幾百邑《ゆう》を再復せんとするも必ず一邑より始む。一邑全く成りて然る後その二に及び、順を以て十百千万に至る。譬《たと》へば一歩を積みて千里の遠きに至るが如し。（報徳論）

【註】一邑とは一村落。幾百村の再興はまず一村の再興から始めよとの教えである。

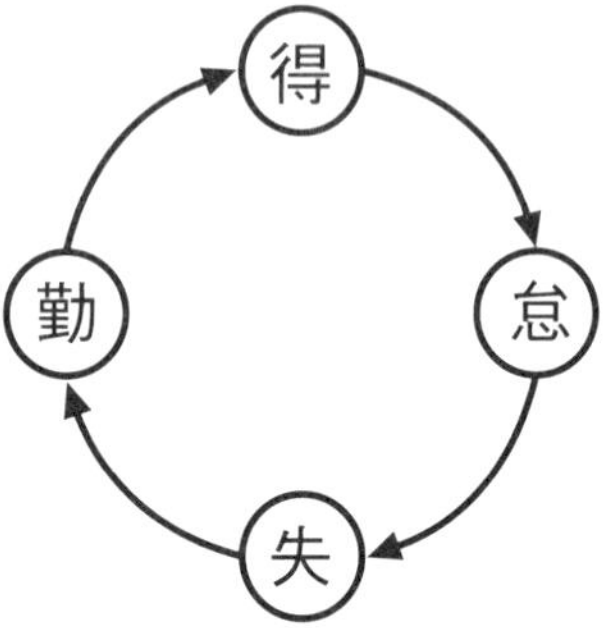


勤メレバ得ル
怠レバ失ナウ

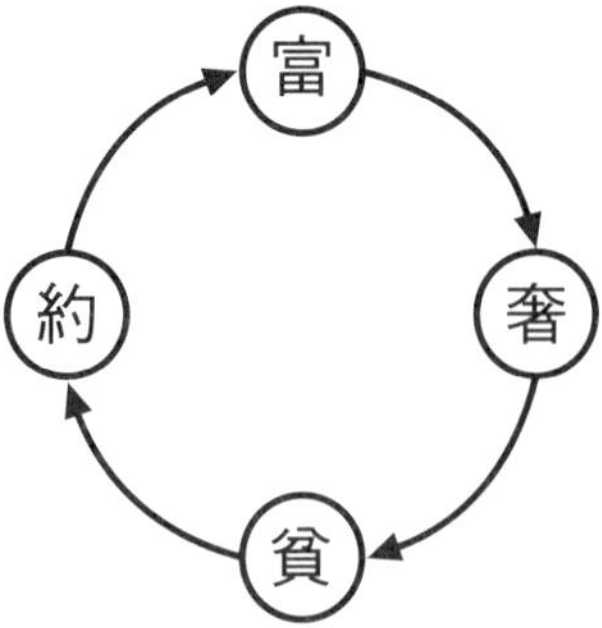


約（倹約）スレバ富ミ
奢レバ貧スル

# 9　月

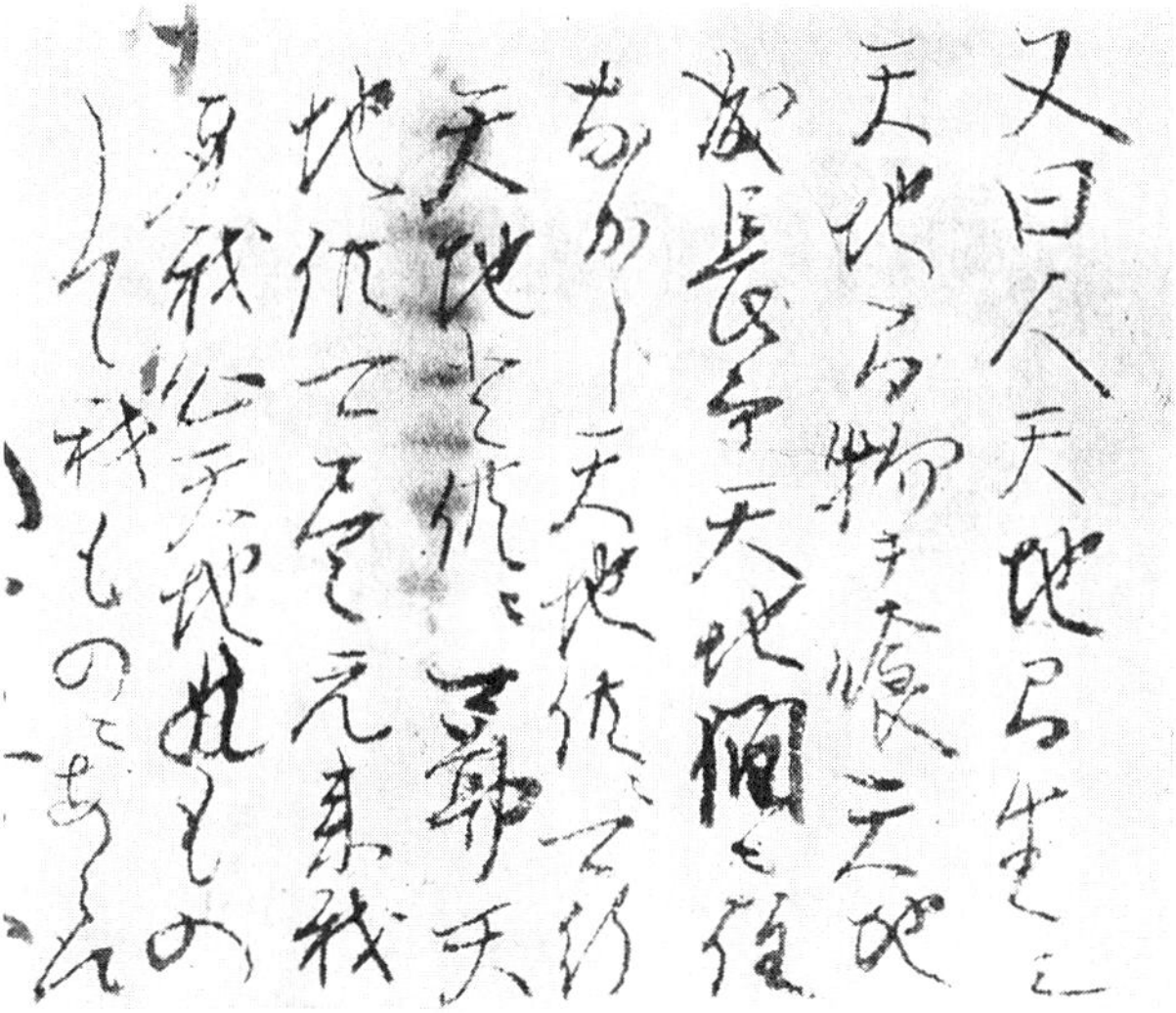

二宮尊徳の筆蹟

又曰人天地間生シ
天地間物ヲ喰天地
成長而天地間ニ住
なから天地供ニ可行
天地と供ニ可勤天
地供可尽元来我
身我心天地のもの
して我ものニあらず

## 1日 天に勝つ事あたわず

俗歌に「箱根八里は馬でも越すが越すに越されぬ大井川」と言へり。其の如く人と人との上は智力にても、弁舌にても、威権にても通らば通るべけれど、天あるを如何せん。智力にても、弁舌にても、威権にても、決して通る事の出来ぬは天なり。

（夜話一四七）

**【略解】** いかなる知力・権力にても勝つことが出来ないのは、天の支配力である。

## 2日 仁義礼智の徳性を

人心は譬《たと》へば、田畑に生ずる莠草《はぐさ》の如し。勤めて耘《くさぎ》り去るべし。然《しか》せざれば、作物を害するが如く、道心を荒す物なり。勤めて私心の草を耘り、米麦を培養するが如く、工夫を用ひ、仁義礼智の徳性を養ひ育つ可し。

（夜話一三二）

**【略解】** 人心の雑草を除去し、道心の徳性を培養すべしとの教えである。道心とは仁義礼智の心をいう。

## 3日　大海の家台船

家屋の事を、俗に家船《やぶね》又家台船《やたいぶね》と云ふ、面白き俗言なり。家をば実に船と心得べし。是を船とする時、主人は船頭なり。一家の者はみな乗合ひなり。世の中は大海なり。然る時は、此の家船に事あるも、又世の大海に事あるも、皆遁《のが》れざる事にして船頭は勿論、この船に乗り合せたる者は、一心協力この家船を維持すべし。　（夜話八八）

**【略解】**　この家台船の説には衷心より納得するものがある。慎まなければならない。

## 4日　婦女子の教訓書

若《も》し男子にして「女大学」を読み、婦道はかかる物と思ふは以ての外の過ちなり。女大学は女子の教訓にして、貞操心を鍛錬するための書なり。夫《そ》れ鉄も能々《よくよく》鍛錬せざれば、折れず曲らざるの刀とならざるが如し。総て教訓は皆然り。されば男子の読むべき物にあらず、誤解する事勿《なか》れ。世に此の心得違ひ往々あり。　（夜話一五五）

**【略解】**　貝原益軒の『女大学』に対する評価と共に男性の誤解をとかれる細心の用心に頭が下がります。

## 5日 恩あればなり

たとひ明日食ふべき物なしとも、釜を洗ひ膳も椀も洗ひ上げて餓死すべし。是れ今日まで用ひ来りて、命を繋《つな》ぎたる、恩あればなり。これ恩を思ふの道なり。この心ある者は天意に叶ふ故に長く富を離れざるべし。

（夜話二〇一）

【略解】 いただいた恩を忘れず少しでも報いようとする心がけは、天意に叶う第一条件ではないだろうか。

## 6日 智・礼・義・仁の次第

夫《そ》れ仁義礼智を家に譬《たと》ふれば、仁は棟《むね》、義は梁《はり》なり。礼は柱なり、智は土台なり。（中略）家を作るには先づ土台を据え、柱を立て梁を組んで、棟を上げるが如く、講釈のみ為すには、仁義礼智と云ふべし。之を行ふには、智礼義仁と次第して、先づ智を磨き礼を行ひ義を蹈《ふ》み仁に進むべし。

（夜話二一八）

【略解】 修身は仁義礼智に尽きるが、その順序次第としての智礼義仁にも尊徳翁の洞察眼が光っている。

## 7日　天に善悪なし（一）

天に善悪なし故に、稲《いね》と莠《はくさ》とを分《わか》たず、種《たね》ある者は皆生育《せいいく》せしめ、生気《せいき》ある者は皆発生《はっせい》せしむ、人道はその天理に順《したがう》といへども、其内に各区別《くべつ》をなし、稗莠《ひえはくさ》を悪《あく》とし、米麦を善《ぜん》とするが如き、皆人身に便利《べんり》なるを善とし、不便《ふべん》なるを悪とす。（夜話二）

**【略解】**　「天に善悪なし」とは生々化育を旨とする天意の働きを指すが、誤解なきように願いたい。「天網恢々疎《てんもうかいかいそ》にして漏らさず」の語あり、天罰覿面《てきめん》を意味する。この場合の天は天道人道を総合したものである。

## 8日　天に善悪なし（二）

爰《ここ》に到《いたり》ては天理と異なり、如何となれば人道は人の立てる処《ところ》なればなり、人道は譬《たとへ》ば料理《りょうり》物の如く、三倍《ばい》酢《ず》の如く、歴《れき》代《だい》の聖主賢臣《せいしゅけんしん》料理し塩梅《あんばい》して拵《こし》らへたる物なり、されば、ともすれば、破れんとす故に政《まつりごと》を立て、教を立て、刑法を定め、礼法を制し、やかましくうるさく、世話をやきて、漸く人道は立つなり、然るを天理自然の道と思ふは、大なる誤《あやまり》なり、能《よ》く思ふべし。（夜話二）

**【略解】**　天道に従って人道の誠を尽くす、これが人間の生き方です。それ故、政治、教育、法律ならびに礼儀作法が必要となります。

## 9日　実地実行を尊ぶ

朝夕に善を思ふといへども、善事を為さざれば、善人と云ふべからざるは、昼夜に悪を思ふといへども、悪を為さざれば、悪人と云べからざるが如し、故に人は悟道治心の修行などに暇《いとま》を費さんよりは、小善事なりとも、身に行ふを尊《とうと》しとす、善心発《おこ》らば速《すみやか》に是を事業に表すべし、親ある者は親を敬養すべし、子弟ある者は子弟を教育すべし、飢人を見て哀《あわれ》と思はば、速に食を与ふべし、悪《あし》き事仕たり、われ過《あやま》てりと心付とも、改めざれば詮《せん》なし、飢人を見て哀と思ふとも、食を与へざれば功なし、故に我が道は実地実行を尊ぶ、夫《そ》れ世の中の事は実行にあらざれば、事はならざる物なればなり。

（夜話一四〇）

**【略解】**　観念的なキレイごとに終わらず実地・実行・実践を重んずる尊徳翁の考えが端的に示されております。

## 10日　太陽の徳（一）

此の如く太陽の徳は、広大なりといへども、芽を出さんとする念慮、育んとする気力なき物は仕方なし、芽を出さんとする念慮、育たんとする生気ある物なれば、皆是を芽だたせ、育たせ給ふ、是太陽の大徳なり、夫《そ》れ我が無利足金貸付の法は、此太陽の徳に象《かたど》りて、立たるなり。（夜話六五）

【略解】太陽の徳とは大慈大悲の万物をいつくしむ心です。尊徳翁の「無利息貸付の法」も、この太陽の徳の実践の一つです。

## 11日　太陽の徳（二）

故に如何なる大借といへ共、人情を失はず利足を滞《とどこお》りなく済《すま》し居る者、又是非とも皆済して他に損失を掛《かけ》じ、と云念慮ある者は、譬《たと》へば、芽を出したい、育ちたいと云う生気ある草木に同じければ、此無利子金を貸して引立べし、無利子の金といへども、人情なく利子も済さず、元金をも踏倒《ふみたお》さんとする者は、既《すで》に生気なき草木に同じ、所謂《いわゆる》縁無き衆生なり、之を如何ともすべからず、捨《すて》置《お》くの外に道なきなり。（夜話六五）

【略解】「無利足貸付の法」は翁独特の仁慈の法で、再起開拓の気力を増進せられた。

## 12日 変に備える為なり

人は云ふ、わが教へ、倹約を専《もっぱ》らにすと。倹約を専らとするにあらず。変に備へんが為なり。人は云ふ、わが道、積財を勤むと。積財を勤むるにあらず、世を救ひ世を開かんが為なり。

（夜話一一三）

【略解】 尊徳翁の教えの真義を承り、なるほどと全面納得するものがある。

## 13日 迷悟一体

佛に所謂《いわゆる》「本来東西なし、何処に南北あらん、迷うが故に三界城《さんかいじょう》、悟るが故に十方空」とあり。佛家この語を書し、之を死人に付すれば、則ち天魔も襲う能《あた》わず、狐《こ》狸《り》も犯す能わず、何ぞや。天魔狐狸以前の空に帰すればなり。

（語録三二六）

【略解】 尊徳翁はこの佛語をよく引用せられた。この一隻言こそ、相対界と絶対界につき鮮明に表現せられたもの他に類なしと言えましょう。

## 14日 仁の一字

古人仁字を製す蓋《けだ》し深意あり。右旁《つくり》の二画はすなわち是天地なり。（中略）二画を斜合すれば則ち人字と為る。人字の二画間にあるは、則ち天人地なり。（語録三三〇）

【略解】「仁」の一字の意味を解明なさったのはさすがである。天人地の全宇宙生命を指すとは、大いに教えられるものがある。

## 15日 富貴貧賤

富貴を好み貧賤を悪《にく》むは人の情なり。然れども富貴貧賤は天にあらず、地にあらず、又国家にあらず、唯々人々の一心にあるのみ。身を修め人を治むる者は富貴を得、懶《らん》惰《だ》にして人に治めらるる者は貧賤を免れず。（語録三三二）

【略解】富貴貧賤は、ただ人々の一心にありという一語こそまさに痛切な戒めである。

## 16日 心・枝・体

余かつて鍛冶《かじ》を視るに、その槌《つち》を執る者腰肩手一と為り以て震撃す。心と槌と亦一と為り、他心あるなし。二三子我が道を学ぶも、亦斯《かく》の如くんば、則ち何ぞ成らざるを患《うれ》えんや。

（語録三四二）

【略解】 鍛冶打つ手と槌、腰と肩の身心一如の集中力に学ぶべきを教えられる。

## 17日 三才の徳

我が道は天地人三才の徳に報いるにあり。三才の徳とは、日月が遂行し、四季循環し、万物を生滅してやまないのが天の徳なり。草木百穀を生じ、鳥獣魚類繁殖し、人をして生命を養わしめるが地の徳なり。祖宗が人道を設け、王侯が天下を治め、家老武士が国家を護り、農民が農業に勤め、工人が大小建築物を造り、商人が有無を通じて、人生を安らかにする。これ人の徳なり。

（報徳外記）

【略解】 それゆえ我々の本務は天地人三才の徳に報いることにある。

## 18日 鍬鎌《すきかま》の宝器

夫《そ》れ鍬鎌《すきかま》は農をいとなむの重宝、民を救ひ国を安んずるの宝器、一日もなくてはかなわず。そもそも古を考ふるに、わが神代のむかし豊葦原を安国と治め給ひしより、今日只今に至るまで、国を富し、家を斉ひ人命を養ふ、是より尊きはなし、能《よ》く力を尽せば、天地の感応目前に顕れ、米麦雑穀湧出し、金銀財宝功徳を照らす。

天津日の恵み積みおく無尽蔵
鍬《すき》でほり出せ鎌でかりとれ

（遺訓集）

【註】 鍬鎌の宝器たる所以《ゆえん》をおさえられた哲人尊徳翁の風格ある論説です。

## 19日 職業に貴賤なし

人皆その職を貴ぶべし。家老が代々官録を以て勤仕するも、豆腐屋が豆挽《ひ》くも同じことなり。然るに豆腐屋は恥《はず》かしと思ひ、家老は楽なりとするは誤なり。

（金言集）

【註】 「職業に貴賤なし」。その職に対する誠心誠意の如何こそ一番大事である。

## 20日 農民の耕耘、工匠の勤労

農民の耕耘《こううん》なければ次年の衣食なし。
次食の衣食は農民の耕耘に在り。
〇
工匠の勤労なければ諸舎造建されず。
諸舎の造建は工匠の勤労に在り。
（金言集）

【註】 われわれの生活は、農民の耕耘、工匠の勤労に負うところが大きい。

## 21日 誠心・勤労・分度・推譲

誠心を以て本と為す。
勤労を以て主と為す。
分度を以て体と為す。
推譲を以て用と為す。
（金言集）

【註】 誠心・勤労・分度・推譲の四綱領こそ翁の説かれる「生き方」の根幹である。

## 22日　一身保存の根元

我《われ》と云ふ其の大元《おおもと》を尋《たず》ぬれば
　喰ふと着るとの二つなりけり
（二宮翁道歌）

【略解】　一身の保存の根元をつきつめていくと、衣食住の三大恩恵に帰着しますが、とりわけ、衣食こそ、二大根元と申せましょう。別の道歌に「飯と汁木綿きものは身を助く、その余は我をせむるものなり」とあります。辛酸痛苦の体験者にして知る真理でありましょう。

## 23日　命綱を編む

天地の捫《もじ》り尽《つ》きせぬ命綱
　ただ長かれとねがふ諸人《もろびと》
（二宮翁道歌）

【略解】　捫《もじ》るとは、綱をよるのに右に左に交互によって編んでゆくことで、ただその綱が長ければいいというものではない。そのもじり方が問題であって、しっかり丹誠こめて結んでいくことが大事である。せっかく天地の命綱をいただいているのだから、日々の誠実な生き方こそ大切である。

## 24日 一輪の福寿草

天地《あめつち》の和して一輪福寿草
　　さけやこの花いく世ふるとも
　　　　　　　　　　　（二宮翁道歌）

【略解】　春の始めに咲く一輪の福寿草には、まことにめでたい万物生々の息吹を感ずるものです。天地和楽のシンボルともいうべきで、子々孫々の繁栄を象徴するものです。

## 25日 一挺の鍬

ある時青木村を去ろうとする貧民に、一挺の鍬《すき》を与えて言われるのには「この鍬を以て貧苦を除き、負債を償却し、一家の福を得なさい」と。貧民は答えて「鍬一挺が翁の言の如くならばどうして他村に流浪するまでの窮乏に陥ろうか」と申したので、翁はこの鍬の破れるまで日夜の勤勉、荒地の耕耘《こううん》にあたることを諄々《じゅんじゅん》と諭された。
　　　　　　　　　　　（逸話集）

【註】　翁の懇篤なること誠にかくの如しと言うべし。

# 26日　豆という字

相馬の藩士富田高慶は江戸の聖堂で十年も儒教を学んだ人であるが、野州桜町にきて二宮翁に面会を求めたが、断乎として面会を謝絶された。しかし高慶もさるもの、今でいう青年夜学校を開いて若い者を教育しながら翁への入門の叶うのを待った。約半年後、面会の許される機会が来た。高慶が翁の前に出ると、翁はいきなり「お前さんは豆という字を知って居るか」と問いかけ高慶は「左様心得ております」と申上げると門弟に紙と筆とを用意させた。

高慶は筆を揮って豆という字を明瞭に書いた。ところが翁は「お前の書いた豆は多分馬が食うまい」と言いつつ門弟に倉から一摑みの豆を持ち来らせ、「俺の作った豆は馬が食う」とそれを高慶の前に置かれたということである。高慶はいたく理窟の国家天下を救うに足らないということを知って、誠心誠意を尽くして翁の弟子になったということである。

（逸話集）

【註】　尊徳翁と富田高慶との出会いの一節は、心にのこる逸話です。尊徳翁独特の導き方の一例です。

## 27日 茄子という字

不退堂という男は京都の北面の武士で書を能《よ》くかいた人であるが、翁のことを聞き態々野州桜町に行って面会を求めた。ところが例の如く面会を謝絶したので、七日間飲まず食わずで翁の門前に座ったまま動かなかったので、七日目に初めて面会を許された。その時翁が「お前は学者だそうだが茄子という字を知って居るか」と問われたので、不退堂は筆を執って書いたところ、「茄子が先に出来たか字が先か」と言われ、出鼻をまず挫かれた。

（逸話集）

【註】 現物（現場・現実）を重んじられた尊徳翁の流儀の一端を示す話です。

## 28日 善人顕彰

先生曰く、それ仕法の道は善を賞し不能を教ふるを以て主とせり。善人を挙げて大いに賞を行ふ時は、不善者みな善に化す。語に言はずや、直《なおき》を挙げて、枉《まが》れるを措く時は、枉れるものをして直からしむと、一邑を風化するも此の道を要とせり。況《いわ》んや領中に選びて一番に仁沢を希《し》き、之を安撫するは豈《あに》大賞にあらずや。

（報徳記）

【註】 一村を立て直す仕法の道として翁は善行者の表彰に力を尽されました。

## 29日　善人を賞美す

先生年すでに六十七歳病後いまだ快然たらず。食もまた平生に復せず。炎暑燃ゆるが如くなるに、この険路を推歩し、村々の盛衰を鑑み厚く善人を賞美し、鰥寡《かんか》孤独身に便りなきもの又は困窮のものを恵みたり。各々その次第に由って或は金一両より五両に至る。又は農業を勤め衰貧に陥《おちい》らざるの村に至りては、或は金十金十五金を以て邑中の民を賞す。（報徳記）

【註】　尊徳先生はよく善人表彰に力を尽くされた。鰥寡とは妻を失った男と、夫を失った女。そうした人たちへも心を配られた。

## 30日　困苦を厭わず

先生高山を越え、深谷を渉り、疲労極《きわま》るに至っては路傍の石上に休し、又は草原に息して推歩せり。従者手に汗を握り病ひの発せんことを恐るると雖《いえど》も、先生自若として困苦を厭《いと》はず。惟《ただ》下民を安んずる事のみに労せり。人々その誠心慈仁の至れることを感歎す。（報徳記）

【註】　先生はもとより身体強健でしたが積年の疲労の蓄積が原因となり、いたましき次第となりました。

報徳仕法関係略地図
相馬
鬼
怒
川
日光
今市
烏山
茂木
真岡
桜町
青木村
下館
筑波山
利
根
川
谷田部
成田
印旛沼
江戸
栢山
小田原

# 10　月

尊徳先生の墓地（今市報徳神社裏）

## 1日 天地は大父母

能《よ》く其の根元を押し極めて見よ。身体の根元は、父母の生育にあり。父母の根元は、祖父母の丹誠にあり。祖父母の根元は、其の父母の丹誠にあり。斯くの如く極むる時は、天地の令命に帰す。されば天地は大父母なり。故に元の父母と云へり。

（夜話一八〇）

【略解】 このように生命の根元を窮めていくと、天地の令命すなわち大宇宙の意志に帰着する。ありがたきかな天地の大父母。

## 2日 至孝

世間の親たる者の深情は、子の為に無病長寿、立身出世を願ふの外、決して余念なき物なり。されば子たる者は、其の親の心を以て心として親を安んずるこそ、至孝なるべけれ。

（夜話一八三）

【略解】 世間一般の親の深情は、わが子の無病長寿と立身出世を、ひたすらに願うばかりである。その親の思いにお応えしようとするのが、子たる者の道である。

## 3日　「思レ之思レ之不レ止」

古歌に「滝のおとは絶へて久しく成りぬれど名こそ流れて猶《なお》聞こえけれ」とあり。（中略）おおよそ人の勲功は、心と体との二つの骨折に成る物なり。その骨を折って已《や》まざる時は、必ず天助あり。古語に「之を思ひ之を思ひてやまざれば、天、之を助く」と云へり。之を勤め勤めて已まざれば、又天之を助くべし。世間心力を尽くして、私なき者必ず功を成すは是が為なり。

（夜話二〇五）

【略解】　古語は中国古典の言葉。苦節三十年、辛労三十年あれば、必ずや天佑神助ありとのこと、隠忍自重あるのみである。

## 4日　神儒佛正味一粒丸

神道は開国の道なり。儒学は治国の道なり。佛教は治心の道なり。故に予は高尚を尊ばず。卑近を厭《いと》わず。此の三道の正味のみを取れり。正味とは人界に切用なるを云ふ。切用なるを取りて、切用ならぬを捨て、人界無上の教を立つ。是を報徳教と云ふ。たはむれに名付けて、神儒佛正味一粒丸と云ふ。其の功能の広大なる事、挙げて数ふべからず。

（夜話二三二）

【略解】　神道・儒教・佛教の正味のみを取られ、無上の教えを授けてくださった。正に日本教の粋と言うべきでしょう。

## 5日　よく混和融合したる丸薬

衣笠兵太夫、神儒佛三味の分量を問ふ。翁曰く、神一さじ、儒佛半さじづつなりと。或傍《かたわ》らに有り、是れを図にして三味分量は、神儒佛此の如きかと問ふ。翁一笑して曰、世間此の寄せ物の如き丸薬あらんや。既に丸薬と云へば、能く混和して、更に何物とも分らざるなり。（夜話二三二）

**【略解】**　よく混和し、融合した神儒佛正味一粒丸の施薬にあずかる教えの恩恵を思うばかりです。

## 6日　心田の荒蕪を開く

我が道は先づ心田の荒蕪《こうぶ》を開くを先とすべし。心田の荒蕪を開きて後は、田畑の荒蕪に及びて、此の数種の荒蕪を開きて熟田となさば、国の富強は掌に運らすが如くなるべきなり。（夜話続二四）

**【略解】**　さて数種の荒蕪とは、㈠文字通り荒れた耕地、㈡家禄がありながらも利息ずくめの荒地、㈢やっと公租の収入のみを得られる作益なき田畑、㈣身体強壮なるも怠惰な人、㈤資産にめぐまれながら、国家社会に尽くさない人等を指す。

## 7日　不二講行者の三志

諺に聖人々々といふは、誰《た》が事を思ひしにおらが隣の丘《きう》が事かといへる事あり。誠にさる事なり。我れ昔、鳩ヶ谷駅を過《すぎ》し時、同駅にて不二講に名高き、三志と云ふ者あれば尋ねしに、三志といひては誰もしるものなし。能々《よくよく》問ひ尋ねしかば、夫《そ》れは横町の手習師匠の庄兵衛が事なるべし、といひし事ありき。（夜話三二）

**【略解】**　不二講の行者であり祖師であった三志と尊徳翁とは肝胆相照の間柄と聞いています。

## 8日　一心の覚悟決定を期す

翁床の傍《かたわら》に、不動佛の像を掛けらる。山内董正《ただまさ》曰く、卿《きみ》不動を信ずるか。翁曰く、予壮年、小田原侯の命を受けて野州物井に来る。人民離散土地荒蕪、如何ともすべからず、仍て功の成否に関せず、生涯此処を動かじと決定す。たとへ事故出来、背に火の燃えつくが如きに立ち到るとも、決して動かじと死を以て誓ふ。（中略）不動佛、何等の功験あるを知らずといへども、予が今日に到るは、不動心の堅固一つにあり。（夜話五〇）

**【略解】**　不動佛の像をかかげて決心覚悟の徹底を誓われたのである。野州とは下野《しもつけ》の国。

## 9日 一心の決定

茶師利休が歌に「寒熱の地獄に通ふ茶柄《び》杓《しゃく》も、心なければ苦しみもなし」と云へり。此の歌未だ尽くさず。（中略）夫《そ》れ心とは我心の事なり。只我《が》を去りしのみにては、未だ足らず、我を去って其の上に、一心を決定し、毫末も心を動かさざるに到らざれば尊むにたらず。（夜話七五）

【略解】 我を去ると共に一心の決心覚悟の不動心が、何事にあれ、いかに大事かを教えている。

## 10日 戦場の覚悟

武士の戦場に出で野にふし山にふし、君の馬前に命を捨つるも、一心決定すればこそ出来るなれ。されば人は天命を弁《わきま》へ天命に安んじ、我を去って一心決定して動かざるを尊しとす。（夜話七五）

【略解】 「安心立命」「滅私奉公」「一心決定」は口には容易ですが、なかなか至難なことです。しかしながらここに不断の錬磨があるようです。

## 11日 先君の絶対信

論語に曰く、信なれば則ち民任ずと。(中略)予が先君に於ける又同じ。予が桜町仕法の委任は、心組みの次第一々申し立てるに及ばず、年々の出納計算するに及ばず、十ヶ年の間任せ置く者也とあり。是れ予が身を委《ゆだ》ねて、桜町に来りし所以《ゆえん》なり。

(夜話一三四)

【略解】 先君大久保侯(小田原藩主)の翁に対する絶対信あればこそ、身命を堵して、桜町復興に尽くされたのである。

## 12日 天禄の範囲内で

予が人を教ふる、先づ分限を明細に調べ、汝が家株田畑何町何反歩、この作益金何円、内借金の利子、何程を引き、残何程なり。是れ汝が暮すべき、一年の天禄なり。此の外に取る処なく、入る処なし。此の内にて勤倹を尽くして、暮らしを立て、何程か余財を譲る事を勤むべし。是れ道なり。

(夜話一一八)

【略解】 分限分度これが天禄である。この範囲で勤倹を尽くし、余財を推譲すべく努力する、これが人間の道である。

## 13日 利他の心

世の中刃物を取《と》り遣《や》りするに、刃の方を我が方へ向け、柄の方を先の方にして出すは、是れ道徳の本意なり。此の意を能《よ》く押し弘めば、道徳は全かるべし。人々此の如くならば、天下平らかなるべし。夫《そ》れ刃先を我方にして、先方に向けざるは、其心、万一誤りある時、我身には疵《きず》を付けるとも、他に疵を付けざらんとの心なり。

（夜話一四二）

【略解】万事このような利他優先の心がまえであれば道徳の本体は間違いなし。

## 14日 循環して止まず

日月星辰寒暑昼夜循環して止《や》まざるは天地の常道なり。人世の万事も亦然り。（中略）善悪邪正、禍福吉凶貧富存亡の類、循環して窮尽することなし。是れ循環の世に在って、其の循環を知らざるは哀むべきなり。

（語録三八五）

【略解】循環は天理なれど、人の世の栄枯盛衰をまぬがれる道がある。これ人道にして、勤労に努め分度を守り譲を計る道なりと教えられる。

## 15日 棄苗を拾い之を種元にす

余幼にして父母を喪い、且《か》つ洪水に遇い、世襲の田産を失い、外家に寄食し、仮日には廃地を墾《こん》し、棄苗を拾い、以て之を種《う》え、僅に産粟《ぞく》一苞を得。此を以て資本と為し、二十二年を積み、田産を再復し、小屋を結び之に居。歳入百有余苞、殆《ほと》んど膝を容るる所なし。（語録三八八）

【略解】 尊徳翁の幼少青時代の辛酸苦労がうかがわれ、お家再興の一端を知らしめられる。

## 16日 万理一元

天地は一なり、日月は一なり、陰陽は一なり、寒暑は一なり、昼夜は一なり。人間万事皆然らざるなし。万事は畢竟《ひっきょう》一理のみ。一理万理と為り、万理一元に帰す。一元は則ち空空寂寂、此れを之れ悟道と謂う。（語録四〇二）

【略解】 万理一元、その一元の実体、有るが如く、無きが如く、無きが如く、有るが如くにして、根元大極の一語に尽きると言ってよかろうか。

## 17日 貴たり富たる者

若《も》し夫《そ》れ貴たり富たる者、各々其の分を守り、以て余材を推し、諸《これ》を賤貧に及さば猶《な》ほ天気下り地気上り、天地和し万物育するがごとし。貴賤貧富相和し貨財以て生じ、両両相須《ま》ち、治生日に優して、国家必ず治まる。（語録四〇五）

【略解】　尊徳翁は、「身分が高く裕福な人が人をすすんで助けなかったら、身分が低く、貧しい人は、どうして人を助けようという思いを持てるだろうか」と言われている。

## 18日 嫁と姑の間柄

翁の家に親しく出入する某なる者の家、嫁《よめ》と姑《しゅうとめ》と中悪しし。一日その姑来て、嫁の不善を並べ喋々《ちょうちょう》せり。翁曰く是れ因縁にして是非なし。堪忍するの外に道なし。それともその方若き時、姑を大切にせざりし報《むくい》にはあらずや。とにかく嫁の非を数えて益なし。自ら省みて堪忍すべしと。（夜話一五六）

【註】　現代にも通用する訓戒です。とにかく、大いに自ら内観し、忍耐の一字あるのみです。

## 19日　明君の徳政

嗚呼《ああ》人の憂を憂ひ、人の安きを願ふものは己の幸ひ求めずして来り、己の幸を求め人の憂を顧みざるものは常に亡ぶ。故に明君の人を利して己の利を計らず、恩を施してその報《むくい》を求めず、唯わが心労の足らざるを憂ひ、仁恤《じんじゅつ》の至らざるを恐る。故に一世の間徳政の顕然たるのみにあらず、美名千歳に光輝す。

（報徳論）

【註】明君とはいかなる人かについて教えられた正に簡素明解の一文です。

## 20日　分度を守る

盛衰治乱存亡の本源は分度を守ると守らざるとの二つにあり。我この分度を守りて領中の衰廃を興し百姓を安んじ上下百年の艱難《かんなん》を免れしむ。子孫永く我が志を継ぎ、富優の時に居ると雖《いえど》も本源たる分度を確守して戻らざるときは、永世上下の福《さいわい》余りありて衰微の憂いなし。

（報徳論）

【註】尊徳翁の心願はこの一語にこめられています。志を継ぐ者への明訓です。

## 21日 万物の徳を報ずる

万物の徳を報ぜざる者は日夜万物の徳を失ひ、万物の徳を報ずる者は、日夜万物の徳を得る。

（金言集）

【註】 万物万象への感恩報徳の心がけと実行を促す一語です。

## 22日 推譲と分度

推譲は創業の道なり。
分度は守成の道なり。
推譲に因《よ》って興らざる者はあらず。
分度に因って保たざる者はあらず。

（金言集）

【註】 推譲とは、要するに人のため世のための志と、その実践へ一歩踏み出すことである。

## 23日　興国安民は大業なり

興国安民は大業なり。豈《あに》名利の徒の企て及ぶ所ならんや。苟《いやし》くもこれに従事する者禄位名利の念を絶ち、僅かに飢寒を免かるるを以て自奉の度となすにあらざればその功を全うする能はざるなり。（金言集）

【注】　大業に従事しようとする者の心構えを説かれた。㈠名利の念を断つこと㈡その念を堅く守ること。

## 24日　春は花　秋は紅葉

春は花秋は紅葉と夢うつつ
　ねても覚《さめ》ても有明の月
（二宮翁道歌）

【略解】　春は桜、秋は紅葉と、夢まぼろしと変化の世の中でありますが、そうした四季循環変化の中にあって、一年中変わらぬものは、夜あけになっても、まだ空に残っている月の姿であります。変幻と常住の世界があるということをわきまえる必要があります。

## 25日 大宇宙大和楽

咲けばちりちれば又さき年毎に
ながめ尽きせぬ花の色々
（二宮翁道歌）

【略解】 咲けば散り、散ればまた咲く。千転万化、循環変化窮《きわ》まりない天地間では、時々刻々ながめが変わって、面白くもあり、楽しくもある。思えば大宇宙大和楽の世界なのであり興趣尽きないものであるとの意。

## 26日 安楽国

春植えて秋のみのりを願ふ身は
いく世経るとも安き楽しさ
（二宮翁道歌）

【略解】 秋の実りの取入れほど楽しいものはありません。この収穫の楽しみは時代が変わっても変わりようがありません。

## 27日　天地の神と皇

天地の神《かみ》と皇《きみ》とのめぐみにて
　世をやすくふる徳に報えや
（二宮翁道歌）

【略解】　天地宇宙の根元神と万世一系の皇統が連綿としてましませばこそ、こうして世の中は安泰に保たれているのです。その恩徳に報いる報徳の精神を忘れてはなりませんとの教えです。

## 28日　神佛あるや無しや

無きといへば無きとや人の思ふらん
　呼べばこたふる谺《やまびこ》の声
（二宮翁道歌）

【略解】　この世に神や佛のあるとか無いとかいろいろと思うでありましょうが、向こうの山に向かって大声で呼べば、ちゃんと山彦となって帰ってくるじゃありませんか。これが神であり佛であり、元の理というものです。

## 29日 三つの恩

あめつちときみと父母との三つの恩
　　忘るる時ぞ身はせまりけり
（二宮翁道歌）

【略解】天地大自然の恵みと、君《きみ》をいただく大恩と、父母祖先のご恩を忘れるようでは、しだいに一身は窮乏困苦の境遇にさし迫ってくるものです。報恩の道を考えなおさねばなりません。

## 30日 高弟への訓戒

翁の高弟福住正兄翁は、まだ政吉と呼ばれて翁に仕えておった時、小田原の素封家と、福住という貧家から同時に養子に所望された。それで翁に何れの養子に行ったらよかろうと相談したところ、翁曰く、資産家よりも、貧家の方が、報徳の実践がし易いからと、福住の方をすすめられた。身代の傾いた福住家を今日のように箱根でも屈指の温泉宿に回復されたのは、正兄その人も偉かったに違いないが、翁の眼識の高かった事はこれでよくわかる。
（逸話集）

【註】まことに選択の岐路に立った時の選び方について大いに教えられる逸話です。

## 31日　禄を受ける水

富田高慶が翁の志を受け相馬の仕法をする時、藩主は百五十石を以て高慶を抱えようとしたが、翁は高慶に向って、「禄を受けると報徳の主義を実行することがむずかしくなるから受けるな。要るだけ俺が送ってやる。荒地を興してそれから生活の道の立つようにして行け」と。蓋《けだ》し、翁の意は自己の力を以て生活することが人を導く根本的態度とするわけである。　（逸話集）

【註】　富田高慶が相馬の仕法を実践着手するに当たってての尊徳翁の一言。正に頂門の一針ともいうべきものです。

遊楽分内ニ退キ
勤苦分外ニ進メバ
スナワチ富貴ソノ中ニアリ

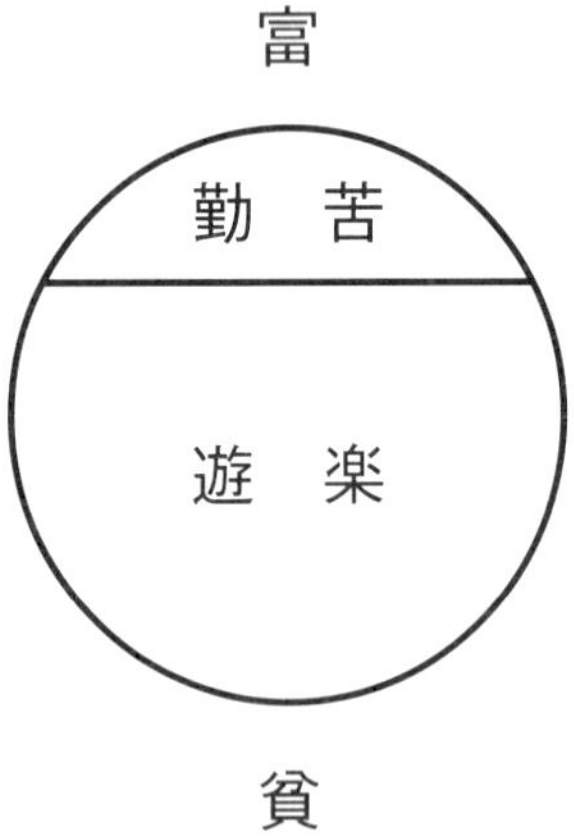


遊楽分外ニ進ミ
勤苦分内ニ退ケバ
スナワチ貧賤ソノ中ニアリ

# 11　月

報徳二宮神社（小田原）

## 1日 神聖の賜もの

蓋《けだ》し人の人たる所以《ゆえん》のもの推譲の道あるが故なり。一日も推譲の道なくんば何を以て禽獣《きんじゅう》に異ならん。禽獣虫魚は譲道なし。故に開闢《かいびゃく》より以来幾万歳の末に至るまで、富優安寧を得る能はず。人は万物の長となり、永く盛富安栄を得て患害危亡の憂なきもの、神聖譲道を立て万世を安んじ玉ふが故なり。人たるもの豈《あに》一日も神聖の賜もの、譲道の貴きを忘るべけんや。

（報徳論）

【略解】　神佛や聖人の教えの根本はこの譲道であることを忘れてはなりません。

## 2日 村里の興復

山林を開拓するに、大なる木の根は、そのまま差置きて、廻りを切り開くべし。而《しか》して三四年を経れば、木の根自《おのずか》ら朽ちて力を入れずして取るるなり。是を開拓の時一時に掘取らんとする時は労して功少し。百事その如し。村里を興復せんとすれば、必ず抗する者あり。是を処する又この理なり。決して拘《かか》はるべからず障るべからず。度外に置きてわが勤めを励むべし。

（夜話二一八）

【略解】　正に現実洞察の智慧と言うべきである。

## 3日 明日のために、来年のために

富と貧とは、元遠く隔《へだ》つ物にあらず。只少しの隔《へだて》なり。其の本源只一つの心得にあり。貧者は昨日の為に今日勤め、昨年の為に今年勤む。故に終身苦しんで其功なし、富者は明日の為に今日勤め、来年の為に今年勤め、安楽自在にして、成す事成就せずと云ふ事なし。

（夜話一一七）

【略解】 富者と貧者の差は、根本的にわずかな心構えの違いによる。

## 4日 荒地は荒地の力あり

荒地は、荒地の力を以て開き、借金は、借金の費《ついえ》を以て返済し、金を積むには、金に積ましむ。教へも又しかり。佛教にて、この世は僅《わずか》の仮の宿、来世こそ大事なれと教ふ。これ又、欲を以て欲を制するなり。

（夜話五四）

【略解】 力を以て力を制するのではなく、相手のかくれた力を引き出す仕法こそ、尊徳翁の改革仕法の一番の特徴である。

## 5日 天地の令命による

道の行るる行れざるは天なり、人力を以て如何とも為し難し。この時に至りては、才智も益もなし。弁舌も益なし。勇あるも又益なし。（中略）夫《そ》れ小田原の仕法は、先君の命に依りて開き、当君の命に依りて畳《たた》む。皆是までなり。凡《およ》そ天地間の万物の生滅する、皆天地の令命による。私に生滅するにはあらず。春風に万物生じ、秋風に枯落する、皆天地の命令なり。豈《あ》に私ならんや。（夜話六〇）

【略解】小田原藩の仕法は先君の命により始まり、現君の命により終わった。これは天意である。

## 6日 驕奢《きょうしゃ》慢心の怖れ

たとひ何百万金の貯蓄あり、何万町の領地あり共、暴君ありて、道を踏まず、是も不足、彼も不足と驕奢《きょうしゃ》慢心、増長に増長せば消滅せん事、秋葉の嵐に散乱するが如し、恐れざるべけんや。（夜話一六八）

【略解】尊徳翁は長たる者のおごり・高慢・増長の怖さを指摘され、恭謙でいることがおのれを持すとし、分度推譲の道を説かれた。

## 7日　天下仁に帰す

己《おのれ》に克ちて礼に復《かえ》れば、天下仁に帰すと云へり。是の道の大意なり。夫《そ》れ人、己が勝手のみを為さず、私欲を去りて、分限を謙《へりくだ》り、有余を譲るの道を行ふ時は、村長たらば、一村服せん。国主ならば一国服せん。

（夜話二二五）

【略解】　長やリーダーたるべき者のあり方の大事さが痛切に感じられてなりません。

## 8日　己に克つの功

釈氏は王子なれども、王位を捨て鉄鉢一つと定めたればこそ今此の如く、天下に充満し、賤山勝《しづやまがつ》といへども尊信するに至れるなれ。則ち予が説く所の、分を譲るの道の大なる物なり。則ち己に克つの功よりして天下是に帰せしなり。凡《およ》そ人の長たらん者何ぞこの道に依らざるや。

（夜話二二五）

【略解】　山中に住む身分の低い人でさえ釈尊の教えを尊崇するに至ったわけを端的に示してくださっている。

## 9日　至道は卑近にあり

大名の城の立派なるも、市民の繁華なるも、財源は村落にあり。是を以て至道は卑近にありて、高遠にあらず。実徳は卑近にありて、高遠にあらず、卑近決して卑近にあらざる道理を悟るべし。（夜話二三〇）

【略解】「至道は卑近にあり、実徳は卑近にあり」。まさに身近な凡事の徹底にこそ、まことの道があると言うべきか。

## 10日　助貸法の効用

我が助貸の法、無息の金は債主に於て何の益ぞ。亦無用に似たり。然れども貧乏之を得れば、則ち其の一日も欠くべからざる者を全うし、以て其の生を安んじ、以て其の家を保つ。其の有用たる、亦大ならずや。（語録一八）

【略解】尊徳翁独特の無利息年賦の貸付法で、貧民救済にあてられました。

## 11日 日課絢索法《とうさくほう》

東海道を称して大路と為すとは何ぞや。上《かみ》王侯より下士民及び瞽者乞人《こしゃこつじん》牛馬に至るまで、みな通行すればなり。夫《そ》れ一人行きて、十人行く能《あた》わざるは大道にあらざるなり。我が日課絢索《とうさく》法の如きは、則ち児女子と雖《いえど》も、而《しか》も行う能わざるなきは豈《あに》大道にあらずや。（語録三二五）

【略解】 絢索とは、縄《なわ》をなうこと。この誰にでもできる縄のない方という大道の提唱は、大いなる慈悲心によるもの。

## 12日 まず居処定むべし

万事万物、悉《ことごと》く偶に由りて立つ。（中略）苟《いやし》くも之を問わんと欲する者は宜《よろ》しく先ず居処を定むべきなり。居処を定めずして善悪得失、之を問わば則ち余が答えて可と曰《い》うの外、豈《あに》他道あらんや。故に何に因って善、何に因って悪なるかは其の居処を定めて、而《しか》る後之を論ずれば、則ち其の事理明了、奇偶の理も亦判然たり。（語録三四五）

【略解】 質問論議の前に、自己の考えの立場を明確にすべしとの説である。

## 13日 公事急にして

余君命を奉じて野州の廃邑《ゆう》を興す。荒蕪《こうぶ》を墾《ひら》き溝渠をほり、経路を造り、橋梁を架し、家屋を営み、厩厠《きゅうし》を作り、衣食を給し、農器を班《わか》ち、善を賞し窮を恤《あわれ》み、撫《ぶ》循《じゅん》教導、事務百端、費用無算、未だ考妣《こうひ》の墓標を建つる能《あた》わず。況《いわ》んや其の他に於てをや。何となれば公事急にして私事を営むの暇なければなり。

（語録三四七）

**【略解】** 全身全霊を公事に尽され、考妣（亡き父母）の墓標さえ建てていない心境の一端がうかがわれて、言うべき言葉がない。

## 14日 報徳現量鏡

孔子我が報徳現量鏡を見ば、則ち必ず歎称すべし。何となれば五銭十銭の微と雖《いえど》も、而《しか》も飲食を菲《うす》うし、衣服を悪《あし》うし宮室を卑《ひく》うするに出でて窮民救助、荒蕪《こうぶ》開墾、道橋修繕、家屋造営の資と為ればなり。豈《あに》間然するなきにあらずや。

（語録三五五）

**【略解】** 「分度」をすべて図示し、分度の実際観察の便を計られた。このように微に入り細にわたり分度生活の根拠を示された。

## 15日 居所を定む

争論の生ずる、其の居処を定めざるにあるなり。熱地に居る者は清涼を喜ぶ。是れ清涼を好むにあらず。熱地に居るが故なり。寒地に居る者は温暖を喜ぶ。是れ温を好むにあらず。寒地に居るが故なり。苟《いやし》くも其の居処を定むれば、則ち何の争論か之あらん。

（語録三七四）

【略解】 おのが立脚の地を確認するを要す、自ら寒地にあるか熱地にあるか。自ら悟道にあるか、人道にあるか。その立脚の如何を問うべきである。

## 16日 日用の徳

報徳の心を存する者は必ずその家を富ます。報徳を忘るる者は必ず貧困を免れず。是れ理の必然なり。人の食するや、日々炊《すい》器盤盌《きばんわん》を用うるに、食し終って之を洗う者はまた之を用うる為か。若《も》し食米すでに尽き、また之を扨置《かいち》す。之れ日用の徳を忘るるなり。

（語録一四一）

【註】 盤盌とは、食器類。扨置とは、放りっぱなしにしておくこと。

## 17日 招飲に赴くを好まず

他人の酒食を貪る者は国家の用を為すに足らざるなり。好んで招飲《しょういん》に赴く者は与に議《はか》るに足らざるなり。我幼より筵《むしろ》に赴くを好まず。其の筵に赴き徒らに光陰を費やすよりは、提籃《ていらん》を造り以て之を人に施すの楽しきに若《し》かざるなり。（語録一七六）

【註】 招飲とはご馳走に招かれること。提籃とは、手さげのかご。

## 18日 問う者の精粗

孔子の問に答うるや、一を問えば則ち一を答うるのみ、甚だ言に悋《りん》なるが如し。蓋《けだ》し其の深浅は問う者の精粗にあるなり。余も亦善く問う者なれば則ち理を尽す能《あた》わず。小子の問は譬《たと》へば、一髪を以て洪鐘《こうしょう》を撞《つ》くが如し。いずくんぞ真音を発するを得ん。（語録二〇二）

【註】 洪鐘とは大きな釣鐘。真音は撞き方の如何にある。

## 19日　万物知止

○日本国土ニ生タル人ハ日本国土ニ生タル所則チ天命ナリ。故ニ日本国土ハ日本国土ニ生タル人ノ止《とど》マル所ナリ
○一山村ニ生タル人ハ山村ニ生タル所則チ天命ナリ。
○一百石ノ家ニ生タル人ハ百石ノ家ニ生タル所則チ天命ナリ。
○一農家ニ生タル人ハ農家ニ生タル所則チ天命ナリ。

（一円一元論）

【註】　万物万人その天命により止まるところを知らねばなりません。

## 20日　春なければ秋なく

○春なければ秋なく　秋あれば春あり
夏なければ冬なく　冬あれば夏あり
春夏秋冬これを合して　年と名づく。
○東なければ西なく　西あれば東あり
南なければ北なく　北あれば南あり
東西南北これを合して　方と名づく。

（一円一元論）

【註】　四季とは対極的循環であり、四方とは対極的思考を示すものです。

## 21日 譲道は人道の精髄

わが道は分度に在り。分は天命なり。度は人道なり。分定まり度立って、譲道生ず。譲は、人道の粋なり。

（金言集）

【註】「天道に従い人道の誠を尽くす」という一語の示す通り、譲道こそ、人道の精髄です。

## 22日 徳を積む道

徳を積むの道はたとへば豆腐十五文ならば、買ふときは十六文、売るときは十四文にすることなり。

（金言集）

【註】徳を積むとは、自己の利害損得を先にせずして、相手の利を優先するという一語に尽きると言えましょう。

## 23日 後世を楽しむ

古へ徳を積みし者は今貴し。今徳を積む者は後世貴し。勤めて徳を積み子孫に伝へ、後世を楽しむ他あるべからず。

（金言集）

【註】積善の余徳は子孫の繁栄にもつながるとの教えである。

## 24日 徳を得る者、得ない者

父子君臣夫婦朋友長幼その徳を報ずる者はその徳を得、報ぜざればその徳を得ず。

（金言集）

【註】「感恩報徳」の一カ条こそは尊徳翁の中心眼目である。

## 25日 親子の情愛

餌《え》を運ぶ親のなさけの羽音には
　目のあかぬ子も、口をあくなり
（二宮翁道歌）

【略解】　これは親子の間の真情を詠まれた一首です。小鳥の子は生れて二、三日は目を閉じたままですが、餌を運ぶ親鳥の羽音に口を開けると、母鳥がその子の口に餌を入れる。この親子の情愛ほど、いとしきもの美しきものはございません。

## 26日 稲の花なみ

桃桜八重山吹に勝りけり
　只楽もしき稲の花なみ
（二宮翁道歌）

【略解】　春らんまんに咲き乱れる桃、桜、山吹の花もまことにありがたい眺めでありますが、秋の田の稲の花の咲き揃った真盛りの眺めも、またえも言えぬほど美しいものです。

## 27日 大木も一本の苗木から

むかしまく木《こ》の実大木と成りにけり
今まく木の実のちの大木ぞ
（二宮翁道歌）

【略解】 因果応報の真理を、大木の成長を例にとって諭《さと》されたものです。殿堂の支柱となる大木も元はといえば一本の苗木であったが、長い年月の間に年輪を重ねて大木に成長したものですから、将来の成長を夢みて年ごとに植樹を心がけるべきです。

## 28日 天地開闢

いにしへは草木も人もなかりけり
高天《たかま》が原に神いましつつ
（二宮翁道歌）

【略解】 太古の昔は、草木も人もなく、まことに荒涼たるものでしたが、こうした高天が原に、天の御中主《みなかぬし》の神、高見産霊《むすび》の神、神見産霊《むすび》の神の三種のご神徳により世界が出来たものであると天地開闢《かいびゃく》の恩徳を詠まれたものです。

## 29日 心田の開発こそは

翁が嘉永六年二月に日光神領地の仕法を命ぜられた時、涙を流して曰くには「俺は土地の開拓より人間の開拓をする積りであるのに、まだ土地の開拓を申付けるのか」と歎息せられた。翁は荒地の開発を最も大切にせられたが、更に大切なことは心田の開発であるとせられた。

（逸話集）

【註】「心田の開発」と「荒地の開発」こそ尊徳翁の二大心願ですが、しいて言えば、「心田の開発」を優先なさった。

## 30日 流汗悟道

翁が身を以て人を導かれたことは、世人の知る所であるが、荒地開墾に従事する役夫取締のため出掛けらるるにも必ず鍬鋤《くわすき》を手にせられた。ある時、今市在の庄屋が用事があって今市よりの帰途開墾しつつある土地を通りかかると、羽織を松の枝に掛け、軽装して手に鍬を持ち、汗を流して役夫の手助けをして居られる翁を見うけたということである。

（逸話集）

【註】鍬鋤持参の出張、そして帰途の手助けの労作業には頭の下がる思いがします。

# 12　月

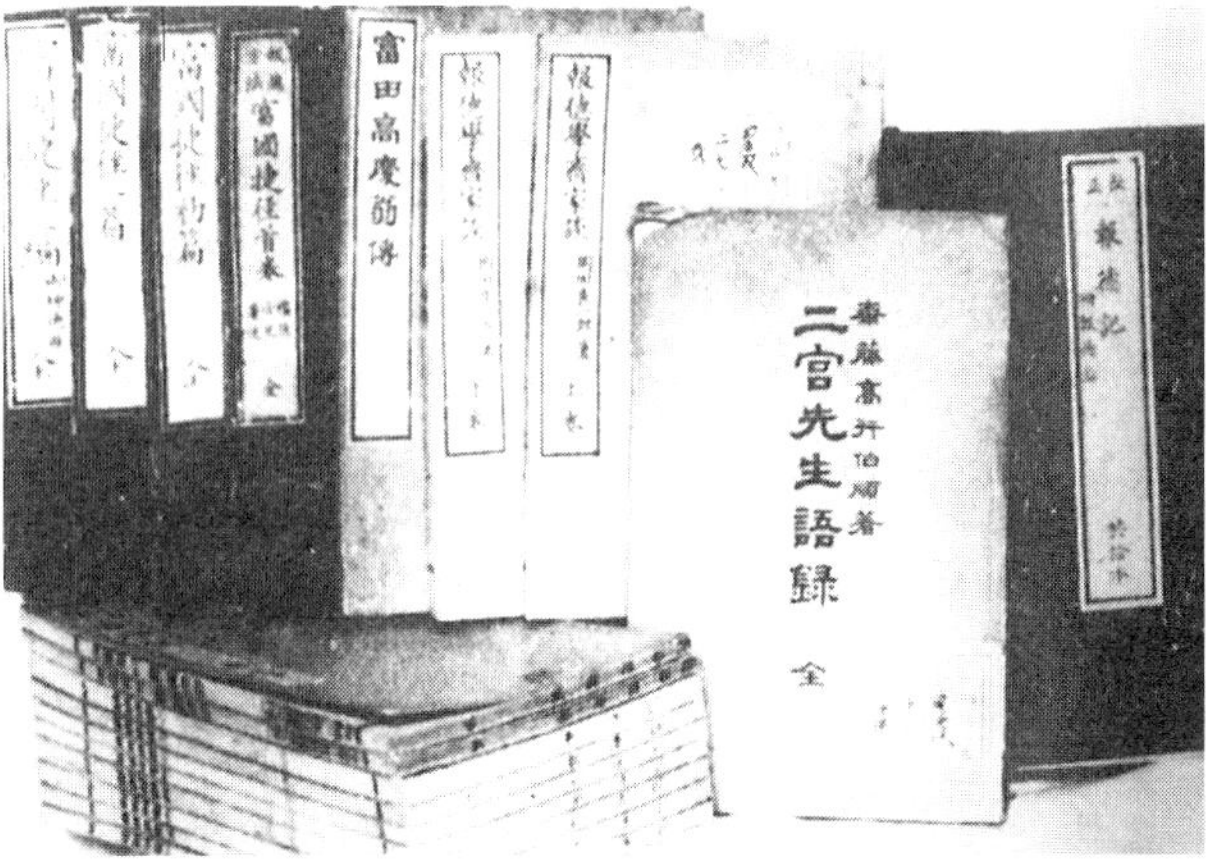


尊徳翁門下の著述

## 1日 我が道は至誠と実行のみ（一）

我が道は至誠と実行のみ。故に鳥獣虫魚草木にも皆及ぼすべし。況《いわ》んや人に於ける をや。故に才智弁舌を尊まず。才智弁舌は、人には説くべしといへども、鳥獣草木を説く可からず。鳥獣は心あり。或は欺《あざむ》くべしといへども、草木をば欺く可からず。夫《そ》れ我が道は至誠と実行となるが故に、米麦蔬菜《そさい》瓜茄子にても、蘭菊《らんきく》にても、皆是を繁栄せしむるなり。

（夜話一三九）

【略解】 まこと再三再四、復誦すべき至言である。

## 2日 我が道は至誠と実行のみ（二）

仮令《たとえ》知謀《ちぼう》孔明を欺《あざむ》き、弁舌蘇張《べんぜつそちょう》を欺くといへども、弁舌を振《ふる》て草木を栄えしむる事は出来ざるべし、故に才智弁舌を尊まず、至誠と実行を尊ぶなり、古語に至誠神の如しと云といへども、至誠は則神と云も、不可なかるべきなり、凡《およ》そ世の中は智あるも学あるも、至誠と実行とにあらざれば事は成らぬ物と知るべし。

（夜話一三九）

【略解】 いかに才知あり弁舌ありといえども、至誠と実行がなければ、事は運ばず成立しないとの一大信条の表明です。

## 3日 この覚悟、事を成す大本

夫《そ》れ開闢《かいびゃく》の昔、葦原に一人天降りしと覚悟する時、流水に潔身《みそぎ》せし如く、潔《いさぎよ》き事限りなし。何事をなすにも此の覚悟を極むれば、依頼心なく、卑法卑劣の心なく、何を見ても、羨《うらや》ましき事なく、心中清浄なるが故に、願ひとして成就せずと云ふ事なきの場に至るなり。この覚悟、事を成す大本なり。我が悟道の極意なり。此の覚悟定まれば、衰村起すも、廃家を興すもいと易し。只此の覚悟一つのみ。（夜話一三四）

**【略解】** この天上天下にただ一人、天の使命を帯びて派遣せられし覚悟なるか。

## 4日 回村の行の威力

予昔桜町陣屋に来る。配下の村々至惰《しだ》、至汚《しお》、如何共すべき様なし。之に依って予深夜、或は未明、村里を巡行す。惰を戒《いまし》むるにあらず、朝寝を戒むるにあらず、可否を問はず、勤惰を言はず、只自らの勤めとして、寒暑風雨といへども怠らず、一二月にして、初めて足音を聞きて驚く者あり。又足跡を見て怪しむ者あり。又現に逢ふ者あり。是より相共に戒心を生じ、畏心を抱き、数月にして、夜遊《よあそび》・博奕《ばくえき》・闘争等の如きは勿論、夫婦の間、奴僕《ぬぼく》の交り、叱咤《しった》の声無きに至れり。（夜話一三五）

**【略解】** 先ず着手せられし回村の行の威力。

## 5日　自盃自酌たるべし

翁折々補労《ほろう》のために、酒を用ひらる。曰く銘々酒量に応じて、大中小適意の盃を取り、各々自盃自酌たるべし。献酬する事勿《なか》れ。是れ宴を開くにあらず。只労を補はんがためなればなりと。或いは曰く、我が社中是れを以て、酒宴の法と為すべし。

（夜話二一五）

【略解】「自盃自酌たるべし。献酬する事勿れ」という酒宴の方法には大いに共鳴するものがある。

## 6日　一に譲道

禽獣《きんじゅう》争奪を専らにし、僅かに生活を得て礼譲の道なし。故に古《いにし》へより以来一日も安んずるを得ざる人なり。人は則ち此れに異り、神聖建つる所の譲道に依り、五倫の道を行い、各々父母妻子を保《やす》んじ、以て其の生を楽しむ。

（語録四一四）

【略解】人が禽獣に異なる所以《ゆえん》のものは、この譲道にありと教えられる。かくして五倫の道とは、父子間の親、君臣間の義、夫婦間の別、長幼間の序、朋友間の信を指す。

## 7日 報徳勤勉

苟《いやし》くも人たる者は徳に報ずるの心を懐《いだ》き勤勉にして懈《おこた》らずんば、則ち智力乏しと雖《いえど》も、而《しか》も其の功必ず以て家を興し、身を安んずるに足らん。三才の徳、豈《あに》其れ一日も遺《わす》るべけんや。

（語録四一六）

【略解】 三才の徳とは、天・地・人の徳を言う。この三才の徳に報ずるは人道の極なりと教えている。

## 8日 人の窮乏を助く

余幼少より敢《あ》えて招飲《しょういん》に赴《おもむ》かず。索綯《さくとう》作籃《さくらん》を以て人の窮乏を助くるを楽と為す。爾来孜孜《じらいしし》として事に斯《これ》に従う。敢えて自己の衣食を計らず。以て今に至る。

（語録四五五）

【略解】 索綯作籃とは、なわないとかごつくりのこと。寸暇を惜しんで撓《たゆ》まず微善を積むという生活がうかがえます。

## 9日 君民一体

君民は一なり。なお一樹のごとく然り。君は幹なり。民は根なり。(中略)然して水気を吸うは細根なり。稼穡《かしょく》を務むる者は細民なり。細根なければ則ち幹枝花葉を養う能《あた》わず、細民なければ則ち経国の用度を給する能わず。国君たる者は宜《よろ》しく君民一体の理を悟り以て細民を恤《あわれ》むべきなり。

(語録四六二)

【略解】 稼穡とは、穀物の植付けと取り入れすなわち農業のこと。農業は国の本なり、この大本を忘れてはならない。

## 10日 分度は仁の大本

分度は仁の大本なり。苟《いやしく》も其の本立たずして、徒《いたず》らに末を挙げんとせば、是れ民を惑はし遂に聚斂《しゅうれん》の災を開き、国を興さんとして、却って其の国を亡ぼすの大患を生ぜん。これ故に分度を立つる時は大仁を行ふに足り、分度なき時は国を廃する殃《わざわい》となれり。

(金言集)

【註】 聚斂とは人民からの租税のとり立て。分度こそ興亡の本なる所以《ゆえん》である。

## 11日 民枯るれば国家危し

国家の安危は下民の栄枯に在り。
下民の栄枯は租税の軽重に在り。
租税軽ければ民栄ゆ。
民栄ゆれば国家安し。
租税重ければ民枯る。
民枯るれば国家危し。

（金言集）

【註】 租税の徴収には細心の注意と配慮を要する。

## 12日 家を斉える

家斉ひて而《しか》して後村治まる。
村治まりて而して後郡里平なり。
村長より以て細民に至るまで一にこれ身を修むるを以て本となす。
その本乱れて末治まるものはあらず。

（金言集）

【註】 「修身・斉家・治国・平天下」という中国古典『大学』の名言がある。

## 13日 なつかしい明日

昨日より知らぬあしたのなつかしや
　もとの父母ましませばこそ
（二宮翁道歌）

【略解】　過去のことがなつかしいのは、われわれ人情の常ではありますが、まだ知らぬ明日の未来がなつかしく思われるのはどうしてだろうかと思いめぐらせば、それは宇宙創造の大父母神がおられ、生々発展加護を司《つかさど》っていてくださるからです。

## 14日 早起き励行

はや起きにまさる勤めぞなかるべし
　夢で此の世をくらしゆく身は
（二宮翁道歌）

【略解】　まず朝の早起きの励行を第一に守るべしとのお教えです。人はややもすれば、怠惰な生活に陥りやすく、酔生夢死の生涯に終りがちですから、せめて、早起きしようと日々心がけ、夢の実現に向かい勤め励まねばなりません。

## 15日 身を助ける原点

飯と汁木綿着物は身を助く
その余は我をせむるものなり
（二宮翁道歌）

【略解】 ご飯と味噌汁、それに木綿の着物、この三つの原点を守りぬく決心覚悟が何より大事です。この原点を忘れて、奢侈《しゃし》放縦な暮らしぶりは、結局、身を損ね害となるものだから、くれぐれも用心すべきものです。

## 16日 飛鳥川の丸木橋

きのふけふ、あすかの川の丸木ばし
よくふみしめてわたれ諸人《もろびと》
（二宮翁道歌）

【略解】 飛鳥川《あすか》は明日香の地を流れ、大和川に注ぐ川で、古来、水流の変化が甚だしいため、無常のたとえにされたもの。その飛鳥川にかけられた丸木橋をわたるときは、用心の上にも用心をし、よく踏みしめてすべり落ちないよう心すべきものです。

## 17日 深酒の戒

右にもつはしに力を入れて見よ
左の酒がやむかつのるか
（二宮翁道歌）

【略解】 右にもつ箸とは、生活や仕事のことという説もあれば、実際に箸は右手に盃は左手にという説もあります。いずれにせよ、深酒を戒められた一首にはちがいありません。

## 18日 農は国の本なり

古へより国本たる農業盛なる時は国豊富にして、仁義礼譲行はれ、四民各その生を楽めり、この業衰ふる時は国衰貧にして災害起り、四民手足を措《お》く処なく敗亡を免れず、天下国家の治乱盛衰は多端なるが如しと雖《いえど》も、要するに本糧の盛衰に由らざるはなし。
（報徳論）

【略解】 「農は国の本なり」を今一度、日本全土にわたり再検討すべき時機が来たという感じがします。

## 19日　教化の道

指導者は鶏鳴に起きて、寒暑となく風雨となく日に順待をして早起きを導き、あるいは日《ひ》掛《かげ》縄綯《なわない》の法を示して怠惰をふるい起し、あるいは善を勧め悪を戒め、孝悌忠信を教え、人倫推譲の道をさとし、そうして民風を移しかえる。これが教化を布《し》くみちである。

（報徳外記）

【略解】　民風教化の指導者のとるべき方針を示されている。

## 20日　縄ないのこと

縄ないというものは至ってたやすい仕事である。いやしくもこれを心掛けさえすれば、ひとり身の者でも、飯たきのひまにもできることであり、女こどもでもできることである。このように至ってやさしい事柄でさえ、なお勉励の心がないならば、何をもってその家を立て直し、その村を復興することができようか。

（報徳外記）

【註】　当時の農家にとって「縄ない」という誰でもできる凡事を奨励されたところに尊徳翁の偉大さがあります。

## 21日 開墾の道

天下の利益は、開墾より大きなものはない。そして天下の病患は、荒地よりはなはだしいものはない。田地一反を荒せば米二石を失い、一町を荒せば二十石を失い、十町を荒せば二百石を失う。二百石といえば二万人の一日分の食糧である。これをひらいて耕せば二百石の米を生じて二万の民命を養う。

（報徳外記）

【略解】　荒地開墾より急務はない。将来の食糧難に備えて今こそ心すべきと思われます。

## 22日 貧民を賑わす

国家の憂いは、荒地と負債とにある。その憂いを除こうとするなれば、貧民を賑わさねばならぬ。貧民を賑わすためには、財を施さねばならぬ。しかし、みだりにこれを施せば、財が尽きて広く救済することはできなくなる。これがわが助貸法の創設されたゆえんである。

（報徳外記）

【略解】　尊徳翁の「助貸法」こそ貧民救済の福利厚生の便法だったのです。

## 23日　身自ら先に

孔子は「これに先んじこれに労す」と言い。また、「倦《う》むことなかれ」と言った。自分が早起きしてのちに民にこれを教え、自分がおそく寝てのちに民にこれを教え、自分が精励してのちこれを民に推しひろめ、自分が節倹を行ってのちこれを民に及ぼし、自分が推譲してのちこれをさとし、自分が忠信孝悌であってのち民を導く。百行みな同様である。

(報徳外記)

【略解】「率先垂範」こそ指導者のあるべき態度であることを改めて教えられました。

## 24日　分けあえば余る

八人暮しの貧家が、たまたま一枚の着物を得た。一人がこれを取れば七枚分足りない。そこでこれを祖父に献じた。祖父は、「老骨がこんな新しい着物を着る必要がない」といって、長子に与えた。長子はこれを弟に譲った。弟は又これを甥に推し譲った。ついに七人をもれなく回って、みな辞退した。すなわち、これを取れば七衣が足りず、これを譲れば一衣でも余りがある。

(報徳外記)

【略解】推譲の心がけが七人の人たちの心を豊かにすることが出来た実例です。

## 25日 全功の道

国を興し民を安ずることは大業であって、名利を追うともがらの企て及ぶところではない。いやしくもこれに従事する者は、禄位名利の念を絶ち、わずかに飢寒を免れるだけを生涯の限度とするのでない限り、その功を全うすることはできないのである。

（報徳外記）

【略解】興国安民の大業に従事する者がまず心すべきは名利の念を絶つことです。

## 26日 賞品の授与

家業の勉不勉、品行の良否等を調査せられ、時々賞を与えられた。農業精勤者に対しては、農具（鎌鍬の類）に二宮の焼印を捺して与え、学問勉強家に対しては、修身に関する書（四書五経）に二宮の印を捺して与えた。その他これに準じて賞せられた。

（逸話集）

【註】尊徳翁は農業精励者に、また学問勉強家にそれぞれ適した賞品を授けられたが、これも尊徳翁の督励の一法であります。

## 27日　斃れて後止む

翁は病後なお衰弱が甚しかったので、家人はこれを心配して、しきりに療養をすすめられると、翁は頑としてこれをしりぞけ、「いやしくも身公命を奉じて民衆を率いるもの、たとえ病を養うとは云え、安眠美食をむさぼるのは、予が主義の許す処ならず、予は斃《たお》れて後止むものなり」と云われたとのことである。

（逸話集）

【註】「斃れてのち止む」の精神の権化ともいうべきお方です。

## 28日　偉大なる土木家

翁は土木工事をする時、多く目測を以てしたが、遠近高低、寸分もあやまらなかったとの事である。翁は大工のように物を拵《こしら》えたり、土木の設計をしたり、ふしぎな才腕をもっていたことは、むしろ天才と言うべきで、翁の一面は大土木家でもあった。これ性来計数に長け、且《か》つ体験に富んでいたがためであろう。

（逸話集）

【註】尊徳翁の特異な天才的一面を知るにふさわしい逸話です。

## 29日 分を超ゆる事勿れ

翁が今市陣屋において病重りて再び起つことが出来ないことを自覚され、門人一同を枕頭に侍らし「我が死近《なか》きにあらん、我を葬るに分を超ゆる事勿れ、墓石を立てる事勿れ、碑を立てる事勿れ、只土を盛り上げてその傍に松か杉かを一本植え置けばそれでよろしい。必ずわが言に違う事勿れ」と遺命せられた。忌明けとなって門人たち議論區々《くく》として容易に決せず、未亡人の意志により墓碑が建立されたのみである。

（逸話集）

【註】 翁最後の遺言「分を超ゆる事勿れ」の一言、一代を貫く思想信念と言えよう。

## 30日 不朽の業績

翁の安政二年晦日の記事に「千秋万歳楽」と記し、その次に「予が足を開け、予が手を開け、予が書翰を見よ、予が日記を見よ、戦々兢々《きょうきょう》として深淵に臨むが如く、薄氷をふむが如し」とある。

偉なる哉《かな》、尊き哉、一日と雖《いえど》も私念なく、興国安民のために、その偉大なる一生を捧げ尽くして、不朽なる実践的業績を地上に残す。嗚呼《ああ》。

（逸話集）

【註】 細心の深慮をもって「一日生涯」の日々を送られた尊徳翁のご生涯を思えば、仰げばいよいよ高しの感がいたします。

## 31日　父母は我身

父母もその父母も我身《わがみ》なり
　われを愛せよわれを敬せよ
（二宮翁道歌）

**【略解】**　このわが一身は、父母から授かったものであり、言うなれば祖父母のいのちであり、もっと遡《さかのぼ》れば先祖のいのちがこめられたものです。こうした連綿たるいのちの系列伝統そのものですから、この一身を粗末にしないで敬愛し、慎しみ深くあらねばならぬとのことです。

## 二宮尊徳翁「略年譜」（年令は数え年）

**天明七年**（一七八七）　一歳

この年七月二十三日、現小田原市栢山《かやま》に生まれ、金次郎と名づけられる。

**寛政三年**（一七九一）　五歳

酒匂川決壊、所有地の大半流失。

**寛政十一年**（一七九九）　十三歳

松苗二百本を買い酒匂川堤に植える。

**寛政十二年**（一八〇〇）　十四歳

九月、父利右衛門（四八）が没する。

**享和二年**（一八〇二）　十六歳

四月、母よし（三六）急病のため死す。

六月、酒匂川再び氾濫。一家離散し、伯父万兵衛方に寄食。

**享和三年**（一八〇三）　十七歳

菜種七、八升を得、夜学の灯に使う。捨苗を植えて米一俵を収穫。

**文化三年**（一八〇六）　二十歳

生家の近くに小屋を建てて独居。田地九畝十歩（九アール余）を買い戻す。

**文化六年**（一八〇九）　二三歳

田地二反六畝十一歩（二六アール余）を買い戻す。

**文化十一年**（一八一四）　二八歳

服部家の使用人を中心に「五常講」開始。

**文化十四年**（一八一七）　三一歳

中島きの（一九）と結婚。田地三町八反

余。

**文政元年**（一八一八）　三二歳
服部家の家政整理を引き受ける。

**文政二年**（一八一九）　三三歳
長男誕生。まもなく死亡。きのと離婚。

**文政三年**（一八二〇）　三四歳
四月、岡田波子（一六）と結婚。

**文政六年**（一八二三）　三七歳
田畑、家財を処分。桜町に移転。

**文政十二年**（一八二九）　四三歳
成田山にて断食静思。開眼。

**天保六年**（一八三五）　四九歳
谷田部茂木《もてぎ》藩の復興事業に着手。

**天保七年**（一八三六）　五十歳
大凶作。烏山藩を救急援助する。

---

**天保八年**（一八三七）　五一歳
小田原藩主忠真公死去。烏山領の復興事業着手。

**天保九年**（一八三八）　五二歳
小田原領・下館領の復興事業に着手。

**天保十年**（一八三九）　五三歳
相馬藩士富田高慶（二六）入門。

**弘化二年**（一八四五）　五九歳
斎藤高行（二七）福住正兄《まさえ》（二二）入門。
相馬藩の復興事業始まる。

**嘉永六年**（一八五三）　六七歳
日光神領復興事業を受命。四月発病。

**安政三年**（一八五六）　七十歳
十月二十日逝去。今市の如来寺に葬られる。法名「誠明院功誉報徳中正居士」。

# 参考文献


報徳記（富田高慶）岩波文庫
二宮翁夜話（福住正兄）岩波文庫
二宮翁道歌（福住正兄）報徳要典
報徳秘録（富田高慶）報徳博物館
二宮先生語録（斉藤髙行）大日本報徳社
報徳外記（斉藤髙行）一円融合会
三才報徳金毛録（二宮尊徳全集）
悟道草案（二宮尊徳全集）
万物発言集（二宮尊徳全集）
報徳訓（二宮尊徳全集）
報徳論（富田高慶／二宮尊徳全集）
逸話集（二宮尊徳翁全集）
金言集（二宮尊徳翁全集）

本書収録の各語録は、参考文献を基に選出し、現代の読者の便宜に供するため、必要に応じ、歴史的仮名遣いや旧漢字を口語文、新漢字に改めるなどの加筆をいたしました。——編者

二宮尊徳（にのみや・そんとく）

天明７年～安政３年（1787～1856）。相模国足柄上郡栢山村（現・神奈川県小田原市）生まれ。名は金次郎。生家は豊かな農家だったが、14歳で父を、16歳で母を亡くし、親戚の家に預けられる。諸家の農事を手伝いながら、24歳までに一家を再興した。その後、小田原藩家老服部家の家政再建に成功。藩主大久保忠真から分家宇津家の桜町領（現・栃木県二宮町）の財政再建を命じられると、開墾を奨励、水利事業等を行い、税収を倍増させた。その評判が広まり、600以上の大名旗本家の財政再建および農村の復興事業に携わる。天保13年には水野忠邦に抜擢されて士分となった。尊徳の唱えた「勤倹・分度・推譲」の思想は戦前日本の模範的な倫理観とされた。

〈編者略歴〉

寺田一清（てらだ・いっせい）
昭和２年大阪府生まれ。旧制岸和田中学を卒業。東亜外事専門学校に進むも病気のため中退。以後、家業（呉服商）に従事。昭和40年以来、森信三氏に師事し、著作の編集発行を担当する。社団法人「実践人の家」元常務理事。不尽叢書刊行会代表。編著書に『鍵山秀三郎語録』『西晋一郎語録　人倫の道』『姿勢を正し声を出して読む　素読読本「修身教授録」抄』『森信三　教師のための一日一語』『森信三先生随聞記』『森信三先生の教えに学ぶ』（いずれも致知出版社）などがある。

二宮尊徳《にのみやそんとく》一日一言
――心を耕し、生を拓く――

平成十九年八月十日第一刷発行
令和元年五月三十日第三刷発行

編　者　寺田　一清
発行者　藤尾　秀昭
発行所　致知出版社
〒107-0062東京都港区南青山六の一の二十三
TEL（〇三）三四〇九―五六二一
印刷　㈱ディグ　製本　難波製本
落丁・乱丁はお取替え致します。　（検印廃止）


ISBN978-4-88474-779-4 C0095
ホームページ　https://www.chichi.co.jp
Eメール　books@chichi.co.jp

いつの時代にも、仕事にも人生にも真剣に取り組んでいる人はいる。
**そういう人たちの心の糧になる雑誌を創ろう――**

# 『致知』の創刊理念です。

## 私たちも推薦します

**稲盛和夫**氏　京セラ名誉会長
我が国に有力な経営誌は数々ありますが、その中でも人の心に焦点をあてた編集方針を貫いておられる『致知』は際だっています。

**王　貞治**氏　福岡ソフトバンクホークス取締役会長
『致知』は一貫して「人間とはかくあるべきだ」ということを説き諭してくれる。

**鍵山秀三郎**氏　イエローハット創業者
ひたすら美点凝視と真人発掘という高い志を貫いてきた『致知』に心から声援を送ります。

**北尾吉孝**氏　SBIホールディングス代表取締役執行役員社長
我々は修養によって日々進化しなければならない。その修養の一番の助けになるのが『致知』である。

**渡部昇一**氏　上智大学名誉教授
修養によって自分を磨き、自分を高めることが尊いことだ、また大切なことなのだ、という立場を守り、その考え方を広めようとする『致知』に心からなる敬意を捧げます。

**致知出版社の人間力メルマガ（無料）** 人間力メルマガ　で　検索
あなたをやる気にする言葉や、感動のエピソードが毎日届きます。

# 致知出版社の一日一言シリーズ

## 安岡正篤一日一言

——心を養い、生を養う——

安岡正泰＝監修

安岡師の膨大な著作から金言警句を厳選、三百六十六日の指針となるように編まれたもの。珠玉の言葉をかみ締めつつ、安岡師が唱える人としての生き方に思いを寄せ、自らを省みるよすがとしたい。安岡正篤入門の決定版。

定価
1,143円（税別）

## 吉田松陰一日一言

——魂を鼓舞する感奮語録——

川口雅昭・編

吉田松陰が志半ばで命を落としたのは、わずかに二十九歳。日本を思い、日本のために散っていった彼が残した多くの言葉は、今もなお日本人を奮い立たせている。毎日一言、気骨ある言葉を噛みしめ、日々の糧としたい。

定価
1,143円（税別）

## 坂村真民一日一言

——人生の詩、一念の言葉——

坂村真民・著

坂村真民氏は「命を生ききること」「思い、念、祈り」を題材に、真剣に、切実に詩作に取り組んでこられた。一年三六六日の言葉としてまとめられた詩と文章の中に、それぞれの人生で口ずさみたくなるような言葉があふれている。

定価
1,143円（税別）

## 佐藤一斎一日一言

——『言志四録』を読む——

渡邉五郎三郎＝監修

江戸時代の儒学者・佐藤一斎が四十余年をかけて書き上げた『言志四録』。全部で千百三十三条ある条文の内容は多岐にわたる。西郷隆盛も愛読したという金言の数々は、現代でも、日常生活や仕事の中で必ず役に立つだろう。

定価
1,143円（税別）